コロナ禍からの緑の回復と幸福を考える

松下 和夫

1．新型コロナウイルス危機の意味するもの

2019年末中国で発生した新型コロナウイルス（COVID-19）は、瞬く間に世界中に拡大し、各国で多くの人命と健康を奪い、経済にも深刻な打撃を与えた。収束の見通しはまだ立たず、私たちの生活も激変してしまった。

私たちの健康と安全な生活は豊かな地球環境によって支えられている。ところが、気候危機や森林減少によって生態系が破壊され、それが経済活動のグローバリゼーションによって加速され、未知のウイルスの発生や蔓延など感染症リスクの高さ〔以下不明〕

新型コロナウイルスが〔　〕か。それは自然を喪失することによる危機〔　〕しかもこうした危機に対して社会と政府〔　〕うかになったことである。そしてこれらの〔　〕て増幅されている。

コロナ禍に伴う危機（コロナ危機）は、科学に基づき正確にリスクを把握し、それに備えることの重要性を示した。ところが新型コロナウイルスそのものについては、まだまだ科学的に未知なことも多いのが実情だ。

このような状況の下で、現在急を要するのは、①国民の生命と健康を維持するための感染症対策、②それに伴う経済社会活動の混乱の抑制と再生、③国民経済の中長期的な安定的な維持、である。

他方、最新の科学によると、気候変動による被害は、コロナ危機の被害よりはるかに甚大かつ長期に及ぶ。これを防ぐため、今回の危機に学び、気候変動に関するパリ協定が求める脱炭素社会への早期移行が必要だ。新型コロナウイルスと気候変動問題はいずれも人類の生存に関わる国際社会が協調して取り組むべき重要問題なのである。

感染症などの専門家は、現在の世界の経済のあり方に根本的な原因があ

るため、新型コロナの問題が収束したとしても、次々と新しい感染症が生じる可能性が高いと指摘している。国連環境計画（UNEP）は「4カ月ごとに新しい感染症が発生し、そのうち75パーセントが動物由来である。動物から人へ伝播する感染症は森林破壊、集約農業、違法動物取引、気候変動などに起因する。これらの要因が解決されなければ、新たな感染症は引き続き発生し続ける」と発表している*1。

　そのため、長期的視点からパンデミックが起こりにくく、気候変動危機を回避できるような経済や社会のあり方を模索し、人びとの幸福に資する経済システムへの転換を目指すべきである。そしてひとりひとりの人間的な尊厳が守られ、基本的人権が最大限確保されるような安定的な社会の実現が必要だ。

2．コロナ禍からの「緑の復興（グリーン・リカバリー）」

　新型コロナウイルス対策として各国で都市のロックダウンなど経済活動を制約する様々な措置が導入された。その結果、大気汚染物質や温室効果ガスの排出量が減少した。しかしそのような環境改善は一時的で、パンデミック収束後に経済活動が元に戻ると、汚染物質や温室効果ガスの排出もリバウンドすることは過去の経験から明らかである。

　そうしたことから環境改善を一時的な現象で終わらせず、以前よりも持続可能な経済につくり変えようという議論が、国連や欧州を中心に進んでいる。「グリーン・リカバリー（緑の復興）」や「ビルドバック・ベター（より良い復興）」などと呼ばれるものだ。

　コロナ不況からの復興策が、化石燃料集約型産業や航空業界への支援や観光業への支援などの従来型経済刺激策にとどまってしまうと、短期的経済回復はできても、長期的な脱炭素社会への転換や構造変化は望めない。コロナ不況からの脱却を目指す長期的経済復興策は、同時に脱炭素社会への移行とSDGs（持続可能な開発目標）の実現に寄与するものでなくてはならない。

　国連事務総長や国際エネルギー機関（IEA）事務局長、そしてグローバル企業のCEOをはじめとする各界のリーダーは、「目指すべきは原状回復ではなく、より強靱で持続可能な"より良い状態"への回復である」と

訴え、経済対策を脱炭素社会の実現に向けた契機とすべきと提言している。

　この点では欧州連合（EU）の取り組みが参考になる。EU は2019年12月フォンデアライエン新委員長の目玉政策として「欧州グリーンディール」を発表している。欧州グリーンディールとは2050年に気候中立（温室効果ガス排出実質ゼロ）実現を目指し、経済や生産・消費活動を地球と調和させ、人々のために機能させることで、温室効果ガス排出量の削減に努める一方、雇用創出とイノベーションを促進する成長戦略である。

　EU はその後のコロナ禍による景気後退にもかかわらず、「欧州グリーンディール」を堅持し、着実に推進することを明らかにしている。2020年7月21日には、EU 首脳会合で、総額7,500億ユーロ（約94兆円）の復興基金「次世代 EU」に合意し、気候目標を支援する EU 予算と次世代 EU の合計額の少なくとも30％を気候変動対策に充てるという目標を設けた。具体的には、再生可能エネルギー、省エネ、水素などクリーンエネルギーへの資金提供、電気自動車の販売やインフラへの支援、農業の持続可能性を向上させるための措置などが盛り込まれている。

　一方米国では、2021年1月に就任する民主党のバイデン新大統領が、地球温暖化対策とインフラ投資に4年間で2兆ドルを投じる政策案を発表し、2035年までに電力部門からの温室効果ガス排出量をゼロに抑えるほか、交通網などインフラの刷新、電気自動車の普及促進などを掲げている。また韓国では与党が2020年4月の総選挙で、韓国版グリーンニューディールと、アジア初の炭素中立、石炭火力撤退などをマニフェストに掲げ勝利している。中国の習近平主席も2020年9月の国連総会で、2060年までに炭素中立社会を目指すことを宣言している。

３．日本でも「グリーン・リカバリー」を

　日本での2020年の7月から9月を振り返ると、7月の異常な長雨、8月の高温、9月の巨大な台風の襲来など異常気象の顕在化が実感される。実は日本は、世界でも気候変動による影響が最も著しい国である。また、コロナ危機による経済的な打撃も深刻さを増している。その意味で、「グリーン・リカバリー」への挑戦は、日本においても喫緊の課題である。

　菅首相は2020年10月の所信表明演説で、「2050年までに、温室効果ガス

の排出を全体としてゼロにする（カーボンニュートラル）、脱炭素社会の実現を目指す」と宣言した。コロナ禍と脱炭素社会への移行を同時に目指す取り組みは待ったなしである。国民が、安心して心身とも充実した幸福な暮らしをできるよう、そして地球環境の持続可能性を損なわない社会や経済の実現のため、経済復興策は「グリーン・リカバリー」の視点を前提として策定することを望みたいものである。

　脱炭素社会への移行の主要な柱は、①持続可能なエネルギーへの転換、②エネルギー効率改善、③資源効率改善 ④物的消費に依存しないライフスタイルへの転換、 ⑤コンパクトシティによる既存都市の活性化や人口減少と高齢化社会に対応した公共交通の充実などがあげられる。

　新型コロナウイルス対策を通じて新たに広がった、在宅勤務、時差通勤、遠隔会議などの経済活動・日常生活の変化は、環境負荷の少ない経済活動・ライフスタイル・ワークスタイルの導入につながり、これらによって生活の質を向上できる可能性もある。また、一部の都市では自転車利用の拡大が進み、自転者道整備の機運が高まっている。さらに農産物などの食料をできるだけを地域の生産者と連携して地産地消と地域自立を目指す動きも広がっている。

　これらをさらに進め、地域の資源・エネルギーと人材と資金を地域内で循環させ、より多くの雇用を地域で創出し、自立して安定した幸福度の高い暮らしができる経済システムへの転換が必要だ。最新の技術を活かしながらも、モノやサービスの利用に伴うライフサイクルにわたる省エネ・省資源化を図る自立・分散型の地域社会（地域循環共生圏）づくりが重要なのである。

　脱炭素で持続可能な社会、そして人々の幸福度の高い社会への速やかな移行を進めることが日本と世界が目指すべき方向である。それは、企業や地方自治体を含む国以外の主体（「非国家主体」）の意欲的な取り組みを生かし、さらには若い世代の意見をできる限り反映し、その積極的参加をも得て、民主主義的でオープンなプロセスを経て着実に進められなければならない。

（日本 GNH 学会会長、京都大学名誉教授）

＊1　https://www.unenvironment.org/news-and-stories/story/six-nature-facts-related-coronaviruses

『GNH（国民総幸福度）研究⑥新しい時代への指標』目次

GNH政策システムの発展過程および今後の方向性ならびに都市政策への有用可能性に関する研究[*1]

山下　修平

1．研究の目的および構成

　本研究は、GNH を「行政システム」として捉え、第一に、プラクティカルなレベルの全体像および発展過程を掴むとともに、第二に、幸福度を基準とする行政システムの一つの方向を提案する事を目的とする。さらに、ここで言う行政システムの中には、都市計画および都市政策を含む、都市・地域・コミュニティに関連するハード・ソフト両分野の施策が含まれる。そこで第三に、GNH システムが従来の都市機能を更新する為にも有用と考えられる観点および仕組みを考察・検討し、その活用可能性を提示することを本研究の目的とする。

　GNH システムの基本的な意義・有用性を把握しようとする際には、主要な構造から明らかにしてゆく事が重要であるため、一定の運用実績が蓄積されている三つの仕組み（コンポーネント）を研究することとした。一つは、立案された政策が幸福度へ与える影響を事前に（ドラフトの段階で）審査する「Policy Screening Tool（PST）」の制度、二つ目は、国の全体計画・政策・プログラムなど様々なレベルの計画や評価に幅広く関与している「GNH 指標（GNH Indicators: GNHI）」、三つ目は、5年ごとに国全体の基本的な社会経済開発の方向性、目標、政策、予算、プログラムなどを策定した「開発五カ年計画（Five Years Plan: FYP）」である。これら三者の相互関係は、FYP は人々の幸福度を向上させるために計画・実施・評価・見直しの対象となる（PDCA サイクルを回す）いわゆる中期総合計画に相当し、PST はこのうち計画の段階に、GNHI は計画・評価・見直し

図－1 研究の全体構成図および本稿が報告する範囲

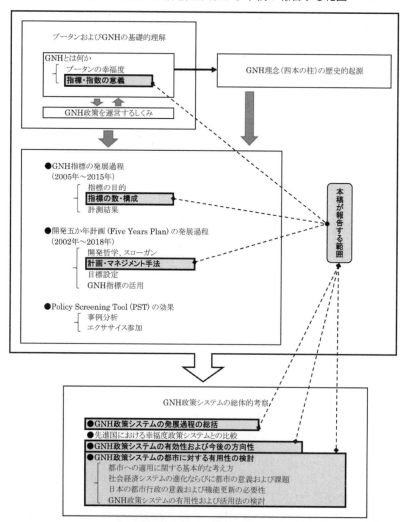

の各段階において各々審査基準ないし判断のための指標を提供している。
これらをふくむ研究全体の構成を図－1に示す。

　本報告では、紙幅の関係上から研究成果のうち三つのトピック、すなわ
ち（1）GNH指標・指数の意義にかんする一考察、（2）GNH指標にお

ける構成の変遷、（3）Five Years Plan における計画・マネジメント手法の進展（2003年～）、を報告するとともに、研究全体の結論部分である「GNH システムの総体的な発展過程、有効性および今後の方向性」ならびに「都市政策に対する有用可能性」を報告する。したがって、後半の二つの結論部分の根拠の多くは、本報告に掲載しきれておらず、この点をご容赦願いたい。

２．GNH指標・指数の意義にかんする一考察

2015年にブータン全20県を対象として実施された GNH 調査では、417以上の指標*2が用いられている。指標とするデータは、無作為に選ばれた国民へのインタビュー（質問文）から得た回答が用いられている。GNH指数は、これらのうち129の指標から計測したデータを元に算出し１から０までの値で表され、１に近づくほど幸福度が高くなる計算式を採用している*3。129の指標は多様であると共にユニークなものも含まれており、表－１にごく一例を挙げておく。

表－１ GNH指標の一例

指　標	小分類	大分類（九領域）
過去４週間、どれくらいの頻度で寛容だったか	良い感情	心理的な幸福
全般的な健康状態はどうか	健康状態の認識	健　康
昨日、仕事（家事などを含む）に費やした時間数	仕　事	時間の使い方
地域の民話やおとぎ話をどれくらい知っているか	知　識	教　育
ディグラム・ナムザ（調和・礼儀作法）はどれくらい重要か	エチケット	文　化
過去 12 か月間、政府は汚職の撲滅にどれくらい成果があったか	政府の成績	統　治
家族の中で疎外感があるか	家　族	コミュニティ
過去 12 か月間、野生生物の被害により放棄している土地があるか	野生生物の被害	生態系
住宅の屋根は主にどんな材質でできているか	住　宅	生活水準

GNH 指標群の特徴を理解する一助として、一般的に、地域ごとに幸福度を比較してランキングしたときにその地域に住む人々の実感や意見と必ずしも一致しないケースを考える。GNH 指標が計測した結果についても、

少なくともブータンの人々の主観的な幸福実感とは必ずしも一致していない部分が存在する。その原因として考えられる事は、人々が主観的に幸福と判断する際に無意識に用いている基準（要素）の内容・数と、GNH 指数を構成している指標の内容・数とがイコールではなく、前者に比べて後者のほうがより多くの内容・数を包含している点にあると推測できる。GNH 調査を実施しているブータン研究所も次のように述べている。「主観的幸福度のみを幸福や GNH を測る指標に設定することは適切でなく、住宅、読み書き、公共財の供給など金銭的・非金銭的双方の特性や変数によって改良しなければ、正確・的確な幸福度を測ることはできず、また政策やプログラムにより効果的で信頼性を高めて具体的に生かすことも、経過のモニタリング・評価や成果の検証を実施することもできない。加えて、幸福でない人の要因や背景を分析・特定することによってより効果的な政策を立案することが可能となる。」

図－2 県別のGNH指数および主観的幸福度のZスコア（2015年GNH調査データ）

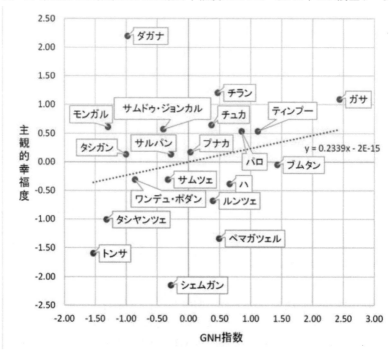

実際、県別の GNH 指数および主観的幸福度（2015年 GNH 調査データ）のZスコア*4の相関係数を算出したところ0.2339となり、相互関係は限定的な傾向性がみられた（図－2）。縦・横軸それぞれ0.00のラインで四つの象限に分割したとき、右上および左下に位置する県は二軸の結果が整合する傾向をもつ一方で、左上の象限に位置する県は主観的幸福度が高くGNH 指数が低い県をあらわし、右下の象限に位置する県は GNH 指数が高く主観的幸福度が低い県をあらわしている。この結果より、主観的幸福度が高く GNH 指数が低い県に対する政策を選択するにあたっては、GNH 指標の中で主観的幸福度を高めていると想定される指標に関する政策は優先順位を下げると同時に、充足されていない指標の中から改善することが望ましい分野を厳選する、といった方向性が考えられる。また、GNH 指数が高く主観的幸福度が低い県に対する政策を選択するにあたっては、GNH 指標の中で主観的幸福度の低下を招いていると推測される指標を探り、当該分野へ重点的に資源を投入するといった方向性が考えられる。つまり、GNH 指数、GNH 指標（生活満足度に関する指標も含まれる）、および主観的幸福度という三種の異なれど関連する情報を収集しているGNH 調査の手法は、指標相互の結果に生じる乖離や矛盾の背景にある要因を詳しく探求する事、もってより合理的な政策を選択する事を可能とする利点・意義を有していると考える事ができる。

3．GNH指標における構成の変遷

　過去四回分の GNH 調査（2007年、08年、10年、15年）で用いられている指標のうち、GNH 指数を構成する指標数がどう変化してきたかを探ってみた。まず基本データとして、1）指標数、2）指標数の対前回調査の増減、3）指標数の順位、および4）指標数の割合、を四本の柱ごと（持続可能で公平な社会経済開発、文化の保護・促進、環境の保全、良い統治）、九つの領域ごと（生活水準、身体の健康、教育、生態的多様性と活力、文化の多様性と活力、時間の使い方、心理的な幸福、コミュニティの活力、良い統治）、および三十三の項目ごと*5に区分しながら集計し、大きな傾向を把握した（表－2、一部のみ抜粋）。表の横軸に、左側から順に四本の柱、九つの領域、三十三の項目、指標数、指標数の対前回の増減、指標数の順位、および指標

表－2　GNH指数を構成する指標数の量的変遷
（「持続可能で公平な社会経済開発」の柱のみ抜粋）

四本の柱	九つの領域 %	九つの領域 数	三十三の項目	ウェイト	%	数(合計)	07年	08年	10年	15年	増減 08年	増減 10年	増減 15年	順位 07年	順位 08年	順位 10年	順位 15年	割合 07年	割合 08年	割合 10年	割合 15年	傾向
1 持続可能で公平な社会経済開発（簡略で表記：開発）	33.33%	3			33.33%	11																
			1-1 生活水準			3	8	8	12	12	0	4	0	3	4↓	5↓	5→	14.0%	9.6%	9.8%	9.3%	↓
			1-1-1 資産	0.333		0	0	0	8	8	0	8	0	-	-	-	-	0.0%	0.0%	66.7%	66.7%	↑
			1-1-2 住宅	0.333		2	2	1	3	3	-1	2	0	-	-	-	-	25.0%	12.5%	25.0%	25.0%	→
			1-1-3 収入	0.333		1	1	1	1	1	0	0	0	-	-	-	-	12.5%	12.5%	8.3%	8.3%	↓
			1-1-4 その他	-		0	5	6	0	0	1	-6	0	-5	-	-	-	62.5%	75.0%	0.0%	0.0%	↓
			1-2 教育			4	3	7	12	12	4	5	0	7	5↑	5→	5→	5.3%	8.4%	9.8%	9.3%	↑
			1-2-1 読み書き	0.300		1	1	1	1	1	0	0	0					33.3%	14.3%	8.3%	8.3%	↓
			1-2-2 学校	0.300		1	1	1	1	1	0	0	0					33.3%	14.3%	8.3%	8.3%	↓
			1-2-3 知識	0.200		1	1	4	5	5	3	1	0					33.3%	57.1%	41.7%	41.7%	↑
			1-2-4 価値	0.200		1	0	1	5	5	1	4	0					0.0%	14.3%	41.7%	41.7%	↑
			1-3 健康			4	6	5	16	24	-1	11	8	5	7↓	4↑	1↑	10.5%	6.0%	13.1%	18.5%	↑
			1-3-1 健康の自己申告	0.100		1	1	1	1	1	0	0	0					16.7%	20.0%	6.3%	4.2%	↓
			1-3-2 健康な目	0.100		1	1	1	1	1	0	0	0					16.7%	20.0%	6.3%	4.2%	↓
			1-3-3 障害	0.300		2	0.5	0.5	2	10	0	1.5	8	9.5				8.3%	10.0%	12.5%	41.7%	↑
			1-3-4 メンタルヘルス	0.300		12	0.5	0.5	12	12	0	11.5	0	11.5				8.3%	10.0%	75.0%	50.0%	↑
			1-3-5 その他	-		0	3	2	0	0	-1	-2	0	-3				50.0%	40.0%	0.0%	0.0%	↓
合計	100.00%	9			100.00%	33	57	83	122	129	26	39	7	72	-	-	-	-	100.0%	100.0%	100.0%	100.0%	

※1: 便宜上、項目数は2015年版の三十三項目をカウントし、過去版のみにあったその他の項目をカウントしていない。
※2: 三十三の項目については、自領域内における割合を示す。

数の割合、を示している。

　指標数について分かったことの幾つかは、第一に指標総数の問題にかんして、07年から15年までの間に増加した指標の内訳を三十三の項目別にみると、最も増加したのは「全般的なメンタルヘルス」（＋11.5）であった。以下順に「技術・芸術のスキル」（＋11）、「障害」（＋9.5）、「資産」（＋8）、「生態系の問題」（＋6）が続いた。

　第二に四本の柱ごとの指標数の問題として、10年版で「開発」が＋20、「文化」が－2、「環境」が＋7、「統治」が＋14、それぞれ増減した。「開発」指標が大幅に増加した要因は「健康」領域がその過半数以上（＋11）増加したためであった。「健康」はさらに15年版で＋8増加しており、重点が置かれるように変化した。指標数の順位でも九領域中10年版で第四位、15年版では第一位へ上昇した。「健康」が10年版で＋11増加した要因は「全般的なメンタルヘルス」項目が＋11.5増加したためであった。このメンタルヘルス関連指標数は「健康」領域内で75%を占めるに至った。また、「健康」が15年版でさらに＋8増加した原因は、「障害」項目が＋8増加したためであった。この結果、「障害」は「健康」領域内で41.7%を占めるに至り、「メンタルヘルス」の50%に次ぐ数となった。メンタルヘルスおよび障害に関する指標群はいずれも具体的な病状を尋ねており、具体策を講じられるための実態を把握することに重点を置く内容に変化した。また、最も増加した「開発」指標の中にあって「生活水準」領域だけが九領域中

で占める割合は減少していた（07年の14％から10年に9.8％へ）。指標の数は増加したものの他の開発指標（「健康」「教育」領域）がさらに増加していた。「開発」指標が増加したと言うとき、その具体的な内容は、物質的な生活水準（豊かさ）に比べて人間の保有能力（健康、教育）の側を重点的に計測しようとしてきた。

　つづいて、九つの領域ごとの指標数の変遷を主成分分析＊6で解析した。各領域の第一主成分pは、p=0.29x+0.45y+0.56u+0.63vで表される。uすなわち2010年版とvすなわち2015年版の負荷量が比較的大きいので、主成分は「2010年版および15年版に指標数が多い領域」を意味している。実際、主成分得点が高い文化領域は両年の指標数が17ずつであるのに対し、主成分得点が低い生態的多様性は11ないし12と少ない。また、第二主成分qは、q=0.34x'+0.77y'−0.27u'−0.47v'で表される。y'すなわち2008年版の負荷量が高いので、第二主成分は「2008年版に指標数が多い領域」を意味している。実際、主成分得点が高い文化領域は2008年版の残指標数が7.57と多い。これら第一・第二主成分のプロットグラフを作成した（図−3）。

図−3　主成分得点プロット

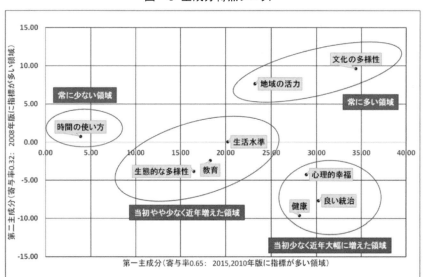

領域ごとの指標数の変遷は、おおむね四つのグループで説明できる。常に多い領域（文化の多様性、地域の活力）、当初少なく近年大幅に増えた領域（良い統治、心理的な幸福、健康）、当初やや少なく近年増えた領域（生活水準、教育、生態的な多様性）、常に少ない領域（時間の使い方）、である。

図－4　指標数のコレスポンデンス分析による相関図

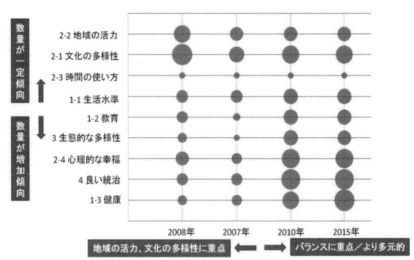

　さらに、同じく九つの領域ごとの指標数の変遷をコレスポンデンス分析法*7を用いて解析した（図－4）。相関係数（0.28）が大きくないものの、四つの傾向が見られる。［1］2008年版までは地域の活力、文化の多様性の指標数が多い。［2］この二領域は、時間の使い方、生活水準とともにどの年も指標数は安定している。［3］他方、教育、生態的な多様性、心理的な幸福、良い統治、および健康の各領域は、2010年版から増加している。［4］その結果、2010年版以降は領域間のバランスが良くなり、その意味でより多元的となった。（時間の使い方を除く八領域ごとの指標数の標準偏差（バラツキ）は、2008年の5.88から2015年の4.75へ縮小している。）

　以上を含む分析・考察をふまえて、ブータンの二大価値（近代化、伝統（文化的・民族的アイデンティティ）保護）1)からみた指標数構成の発展過程とは、物質的な豊かさ以外から得られる幸福度を注意深く観察する指標が強化され、領域相互の均衡が保たれるようになり、その意味で計測できる幸

福度の質もより多元化・多角化されている、と結論づけることができた。

４．Five Years Planにおける計画・マネジメント手法の進展

本節は、GNH 政策システムの中枢的なプラットフォームに位置づけられる開発五カ年計画（Five Years Plan：FYP）の発展過程を2003年から18年までを対象として考察した。まずブータン国内の GNH に関する時代潮流の中で FYP の位置づけを整理したうえで、開発哲学の変化、計画・マネジメント手法の進展、目標（ターゲット）設定の進歩、および GNH 指標の活用度、の計五つの観点から体系的に考察した。本稿ではこれらのうち計画・マネジメント手法の進展について報告する。

（１）2003〜2008年（9th Five Years Plan）
9th FYP は主に二つの事項を規定している。一つはプログラムがフォーカスする基本単位に関する事項であり、もう一つは予算編成および見直しに関する事項である2)。

各プログラムを作成する際の基本単位は地区やコミュニティのレベルとする。各省庁が作成するセクター別の計画は各プログラムを支援・達成するための手段に位置づけている。作成過程における各プログラムとセクター別計画との相互調整が鍵となるとする。予算は二年単位で編成し、二〜三年後にレビューを行い変化があれば柔軟に対応して計画を修正する。プログラムや計画の優先順位と予算配分を頻繁にレビューして変更する。

このような、計画とマネジメントに関する規定に割かれた分量はわずか１ページに過ぎない。直前の FYP をレビューした記述もなく、計画立案者向けの FYP 作成ガイドラインの存在もウェブサイト上からは確認できない。

（２）2008〜2013年（10th Five Years Plan）
10th FYP は、結果・成果に基づく計画アプローチを規定し、マネジメントをふくむフレームワークの全体像を図示し（図−５）、9th FYP に比べ詳細に説明している3)。

図－5 10th FYPの計画・マネジメントの全体フレームワーク

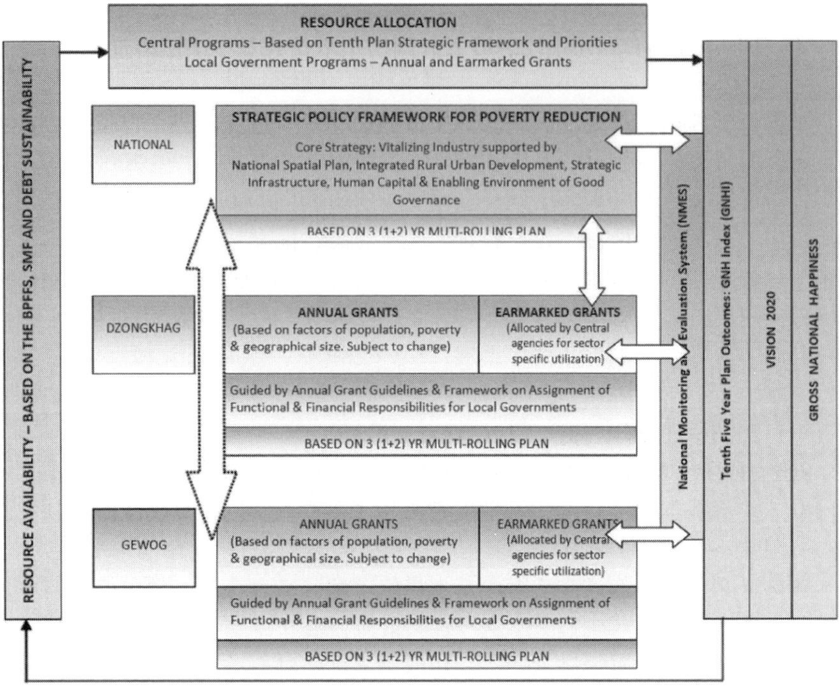

結果・成果とは、GNH 指標のほか各プログラムが設定する目標値に対する結果値を指す。予算は三年単位で編成し、一年ごとのワークプランに沿って執行する。

　モニタリングおよび評価は、ウェブサイト上のシステムへデータ入力することによりリアルタイムで分析・共有・蓄積・進捗管理を可能とする。GNH 委員会事務局が中間評価と終了時評価をおこない計画のパフォーマンスをレビューする。また、同委員会は GNH 指標および各計画が設定した目標指標に基づいて定期的に評価を実施する。モニタリングおよび評価を担当する組織編成を表－3のとおり規定している。

　加えて、10th FYP 以降、①直前の FYP をレビューし、また② FYP 作成ガイドラインを用意するようになった。

表－3 モニタリングおよび評価を担当する組織一覧

M&E Level	M&E Review Committee	Review Members	M&E Coordinator/ Focal Point	Focus of M&E
National	GNH Commission	GNH Commission Members. Chaired by Prime Minister	GNH Commission Secretariat	Outcomes, Impacts
			Department of National Budget (Ministry of Finance)	Expenditure performance at Output level
Ministry & Agency	GNH Committee	Heads of Departments or equivalent. Chaired by Minister or Head of Autonomous Agency	Policy and Planning Division	Outputs, Outcomes, Impacts
Dzongkhag	Dzongkhag Tshogdu	Dzongkhag Tshogdu Members, Dzongda, Planning Officer & Sector Officers. Chaired by DT Chairperson	Dzongkhag Planning Unit	Activities, Outputs
Gewog	Gewog Tshogdu	Gewog Tshogde Members, Gewog Sector Staff. Chaired by GT Chairperson	Gewog Administrative Officer	Activities, Outputs

（3）2013〜2018年（11th Five Years Plan）

　11th　FYP の基本的な考え方は、GNH の四本の柱および九つの領域を「運用可能にする」ことである4)。そのための現状把握（レビュー）として、「2008年に GNH 指標を導入し、2010年調査で GNH 指数は0.743となり、41％の人が幸福であり73％の領域で充足されている、残り59％の幸福でない人は57％の領域で充足されている」ことを報告している。また、「2009年に Policy Screening Tool（PST）を導入し、12件の政策が承認された」ことを報告している。

　結果・成果（アウトカム）にもとづく計画フレームは前回 FYP より、また地区レベルにもとづく計画を策定するプロセスは前々回 FYP より、それぞれ踏襲している。地区・自治都市・県は、年次交付金制度にもとづいて四つの基準（①人口35％、②面積10％、③所得・寿命・教育指数45％、④移動コスト指数10％）により予算分配を受ける。11th FYP より基準③を見なおし、基準④を新たに導入した。2012年より、中央政府は、地方政府が効率的に財・サービスを供給することが不可能なときに限り関与するという責任区分が規定された。

さらには、2013年、予算の計画および執行状況をウェブサイト上で一括管理する制度を導入した。このうち PlaMS（Planning and Monitoring System）は各事業担当省庁が事業計画、年間予算、予算執行、事業報告を入力または取り込むシステム、MYRB（Multi Year Rolling Budget System）は財務省および国会が承認するシステム、PEMS（Public Expenditure Management System）は各事業担当省庁が支出データを入力するシステムである（図−6）。

図−6 統合された計画・モニタリング制度

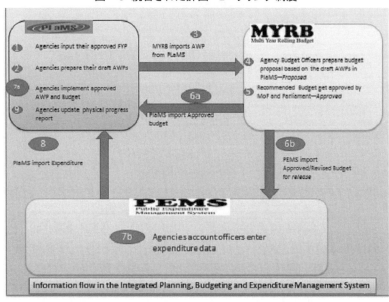

（4）2018〜2023年（12th Five Years Plan）

12th FYP を下支える原理（スローガン）は、「調整、合同、協働」である。特に、9th FYP から一貫している地区を基本単位とする地方を基準にした計画・マネジメントをおこなう考え方をさらに進歩させている。12th FYP より、GNH 指数は地方政府への予算配分のための重要な決定要因として位置づけられた。配分ウェイトは地区10％、指定都市10％、県15％で、使途を①幸福でない階層・属性、②心理的な幸福、③地域の活力、④文化の多様性、に特定している。この GNH 指数基準予算（全体の9.5

%）をふくむ地方政府予算を基準別にまとめたのが表－4である。必要最小限のインフラに充当する使途特定予算（CMI：Common　Minimum　Infrastructure）を別枠で設けて割り当てている。全体として中央と地方の予算配分割合は1：1となった5)。

　加えて、モニタリングおよび評価フレームは、表－5のとおり中央・地方それぞれに運用方法が整理されている。

表－4　地方政府へ配分する基準別予算

No.	RAF Critetria	Dzongkhag (Nu. in M)	Gewog (Nu. in M)	Thromde 'A's (Nu. in M)	CMI	Total (Nu. in M)
1	Economy	6,800				6,800
2	GNH index	2,550	1,200	1,000		4,750
3	Health	1,700	2,400	3,000	477.14	7,577
4	Education	1,700	600	1,500	200	4,000
5	Culture	1,700		500		2,200
6	Environment	2,550		1,500	126	4,176
7	Resident population		1,800	1,500	454.55	3,755
8	Farming		1,800		5,050	6,850
9	Poverty		1,800			1,800
10	Transportation Cost		2,400		2,589.16	4,989
11	Safety			1,000	2,103.15	3,103
	Total	17,000	12,000	10,000	11,000	50,000

表－5　モニタリング・評価フレーム（中央政府・国全体を対象）

＜中央政府・国全体を対象＞

時　期	実施内容	業績管理局 （首相官邸下）	GNH 委員会
半年ごと	年次目標の達成状況	○	－
	計画の見直し	－	○
一年ごと	業績評価	○	－
	業績モニタリング	○	○
	国全体・省庁の 主要業績指標の達成度	－	○

＜地方政府を対象＞

時　期	実施内容	GNH委員会	国家技術委員会	中央政府地方政府
随　時	特別案件の評価	○	−	○
三か月ごと	業績評価	○	−	−
半年ごと	主要業績指標の達成度、	−	○	
一年ごと	目標値の見直し	○	○	
三年ごと	業績評価	○	−	−
五年ごと	業績評価	○	−	−

（5）総　括

　このように、計画の策定段階およびマネジメントに関する基本的な考え方および手法は、新しい Five Years Plan が策定されるごとに変化しており、その内容を表－6に整理した。大きく三つの観点、すなわち現場主義、予算運用、および成果・指標に分類される。

表－6　計画・マネジメント手法の進展

		9th FYP 2003-	10th FYP 2008-	11th FYP 2013-	12th FYP 2018-	備　考
現場主義	地区を基本単位とする計画（中央省庁は支援する立場）			※a		a：中央・地方の責任区分を明確化
	地方予算配分の制度化			※b		b：配分基準の改正
予算運用	二〜三年単位の編成・柔軟化					
	一年単位の執行計画			※c		c：システム統合、リアルタイム化
	CMI枠の導入					
成果・指標	結果(アウトカム)に基づく計画（GNHI、主要指標の活用）				※d	d：GNHI を予算配分基準に採用
	前回 FYP のレビュー					
	モニタリング・評価の制度化					
他	計画立案者向けガイドライン					

計画は地区を基本単位として策定し、地方への予算配分基準の制度化を進展させている（現場主義の観点）。また、予算は複数年単位で編成し、柔軟に変更することを可能とする一方で、中央省庁の予算執行をウェブ上の統合システムで一元管理しリアルタイムで把握したり、最小限度のインフラ整備に使途を指定する Common Minimum Infrastructure（CMI）枠を設けていることは、行き過ぎた変更を抑止する一定の効果が担保されると考えられる（予算運用の観点）。三点目として、GNH 指数や各案件の主要指標を設定・活用し、定期的なモニタリングおよび評価を実施・制度化しており、さらに GNH 指数は地方予算の配分基準としても採用するに至っている（成果・指標の観点）。

　これら三つの観点を統合し、表－6の全体像をあらためて俯瞰すると、2008年（10th FYP）が大幅な制度改革をおこなった転換期であり、つづく2013年（11th FYP）は改革を土台として幾つかのマイナーチェンジを実行した時期であることが分かる。当該10年間は、GNH を理念から指針、制度へと具現化を進めている時期と重なり、開発哲学が外部均衡から内部均衡へ遷移していった時期とも重なっており*8、計画・マネジメント手法の主要な改革期でもあったといえる。

5．GNHシステムの総体的な発展過程、有効性および今後の方向性

（1）GNHシステムの総体的な発展過程まとめ

　GNH 政策システムの発展過程は、理念の歴史的起源を考察し6)、当該システムの大きなフレームを構成する Policy Screening Tool、GNH 指標、および Five Years Plan を体系的に研究した結果、以下の経過をたどって発展してきたことがわかった。

　システムの基盤として GNH の理念が誕生した歴史的な起源は、GNH の具体的な内容を四本の柱（持続可能で公平な社会経済開発、文化の保護・促進、環境の保全、良い統治）と考えるとき、伝統的な文化およびアイデンティティを維持したまま近代化（社会経済開発および民主化）に着手する道を選択した1950年代に存在する。GNH の目的は、外形において国民を幸福にすることであり、根本において主権国家として対外的に大国の脅威・圧力から独立を確保し、対内的に国民の充足感および結束を保持することで

ある。したがって、GNH 政策システムの基盤としての理念は、ブータンの地政学上および歴史上の要因を背景とする最優先課題であるという意味で頑強性が極めて高く、システム存立の安定にとって有利である。

このいわゆる"ブータン型近代化"を大きな指針に定めた後、約半世紀のあいだに王政下で段階的に近代民主主義をめざす統治制度と社会経済開発を進めてきた。改革スピードが加速した転換点のひとつは、王政から立憲・議会制民主政へ移行した2008年（10th Five Years Plan）である。GNH（四本の柱）はそれまでの指針レベルから制度レベルへ一段階進展した。象徴として GNH 指標が完成し第 1 回調査が行われ、Policy Screening Tool（PST）が導入された。10th FYP は、予算配分基準の制度化、予算執行管理の複数年・単年併用化、成果指標の導入、およびモニタリング・評価の制度化など、政策システムとしての基本的なしくみを初めて整備した。10th FYP が統括する開発計画全体および個別の政策・プログラムの Quality Management System（QMS）において、中心的な役割を担ういくつかの象徴的制度の一つは GNH 指標である。その目的設定は当初より意欲的で、ISO9001:2015 *9が要求する方針・計画・評価・見直しの全ステップで活用すると想定し、かつ、コミュニティ・マネジメントに用いるシステム・パフォーマンス指標および三種の政策・プログラム指標にも合致する役割を設定していた7)。実際、11th Five Years Plan （2013-18年）までに方針の明確化、現状特性の把握、成果の評価、および計画へのフィードバックといった大半のステップに定着している。一方で政策・プログラムの立案に対しては活用途上にあり、とりわけ地域の活力分野（ボランティアへの参加度、家族との関係性など）への活用実績が少ない。

11th FYP になると他にも、Quality Management System のうち計画・マネジメント手法の質が全体として向上・深化し、中央・地方双方において主要政策と GNH 四本の柱との対応関係が明確となり成果指標も充実してゆく。さらに 12th FYP（2018-23年）に至っては中央の全政策・プログラムを対象に GNH 九領域に与える影響予測を実施し、担当組織の責任および協働機関を個別具体的に明確化している。このように、GNH 政策システムの大きな枠組みを設定しコントロールする FYP の発展過程は、頑強な歴史的起源に裏打ちされた理念を基盤として、システムのハード面において直線的に進歩している。

もう一つの象徴的制度である Policy Screening Tool（PST）は、ケーススタディおよびエクササイズ参加分析により、個別の政策がもつ幸福度への影響を精査するために GNH 委員会がもつ大きく三つの効果、すなわち①第三者機能、②審査の信頼性を高めるしくみが生む制度の自己安定化、および③立案省庁が政策案を再考しやすくさせる柔軟性、を有している。このような PST の効果は、GNH 政策システムの運用面のうち、個別の政策立案における最終ステージにおいて有効に発揮されている。

　同じく運用面における有効性を考察する観点から、「FYP の開発哲学および GNH 指標の目的における各変化」に対して「FYP の機能ならびに GNH 指標の構成および計測結果の各変化」が適切に対応してきたかを検証・整理する必要がある。
　開発哲学は、2013年を転換点として従来の物質的・非物質的領域の対等的重視から、開発領域内（健康・教育・生活水準）における（個人・地域間の）公平・公正で包摂的な成長・開発へと変化している。一方、GNH 指標の目的は、2010年を転換点として非物質面の重視および文化・伝統面の強調、ならびに GNH および調査結果の情報公開・理解促進にとくに言及している。
　これに対して、12th FYP は制度・運用面において次の五つの対策を講じている。［1］GNH 指数を地方予算の配分基準のひとつに採用し、使途を地域の活力および文化の多様性に特定する、［2］CMI（Common Minimum Infrastructure）枠の予算を設けて健康・教育・環境・農業・交通・安全の分野に使途を特定して配分する、［3］貧困削減・不平等、文化の保護、教育、食料、インフラ、民主化、健康、住環境の各 NKRA（National Key Result Area）における現状を GNH 指標をもちいて把握している、［4］県および自治都市がとくに健康、生態的多様性、教育、および良い統治を対象とするプログラムを GNH 指標を参考にして立案している（ただし、地域の活力を対象とするプログラムに活用している GNH 指標はごくわずか）、［5］文化の保護、住環境、健康、教育、精神的な価値の各 NKRA または AKRA（Agency Key Result Area）の Key Performance Indicators（KPI）に GNH 指標を採用している。
　また、2015年における GNH 指標の構成は、健康、教育、統治面の指標

が増加し、地域の活力、文化の多様性、および心理的な幸福にかんする指標が充実している。一方、2015年 GNH 調査の結果は、文化の多様性、地域の交流・安全、政府のパフォーマンス、および zomdue（地域の会合）への参加が停滞・後退局面にあり、対照的に教育、住環境の一部、および所得水準が維持・改善局面にある。

　したがって、GNH 政策システムの目標・目的は健康・教育・生活水準における公平・公正性の改善、文化・伝統面の強調、および GNH の理解促進（広報・啓発）の方向へ変化しているのに対し、Five Years Plan の QMS（Quality Management System）全般（上記［１］～［５］）および GNH 指標構成の各運用は全体として対処できている。
　また、2015年 GNH 調査の結果は、県別所得格差、文化・伝統面および統治面においては課題がみられるものの、2013年の 11th FYP で GNH 政策システムが整ってわずか二年後の計測値であることを勘案すれば、GNH システムの成果不十分というよりブータンが想定どおりに直面している課題の表出と解するのが適当である。

図－7　GNH政策システムおよび発展過程（まとめ）

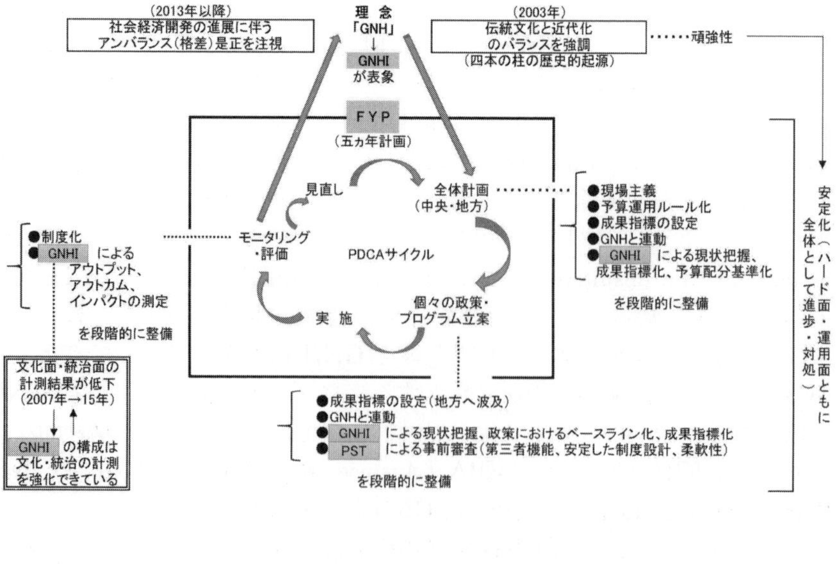

このように、GNH 政策システムは、1950年代を歴史的起源とする GNH 四本の柱を頑強な理念とし、2008年の 10th Five Years Plan を QMS の大きな枠組みとして、2018年の 12th FYP に至るまで、ハード面において段階的かつ直線的に進歩させている。GNH 指標（GNH Indicators: GNHI）および PST は、FYP を具現化するためのサブシステムとして理解することができ、前者は QMS の（実施プロセスを除く）全ステップにおいて、後者は個別政策の立案最終ステージにおいて各々活用・定着し、FYP とともに、運用面においても有効性を発揮あるいは効果を期待できる改良・対応がなされている（図－7）。

（2）GNH システムの有効性および今後の方向性

　本研究は、GDP や成長を中心とする国・地域（都市）づくりが諸課題に直面している中で国際社会がとりくんでいる幸福度を基準とする社会づくりに着目し、ブータンにおける GNH 政策システム全体の発展過程を三つの大きなしくみ（Policy Screening Tool、GNH 指標、および Five Years Plan）に分解し、いくつかの手法を用いて再構築し論じた。幸福に影響する諸因子の研究は世界各国で進展しており、幸福度指標を開発し計測する実践は数多く蓄積されているものの、第三者の立場からの "提言" や、当事者の "参考指標" にとどまるケースも多く、この場合には手段（政策）と結果（幸福度）との関係性を把握し政策へ役立てようとするインセンティブは生まれにくい。対照的に、GNH 政策システムは幸福度をゴールに設定し、経済的豊かさをふくむ九領域で構成される多元的な指標を基準としたうえで、他の多くにみられる "計測自体を目的化" することなく、国づくりのプロセス（PDCA サイクルを中心とする Quality Management System）のなかに「幸福度を向上させるための判断材料や基準等のしくみ」を具体的に組み込んでいる。

　この点に関して、GNH 政策システムは本研究結果にもとづき大きく三つの有効性（理念・指針レベル、計画（Plan）・見直し（Action）レベル、および評価（Check）レベル）を確認することができる。第一に理念・指針レベルでは、幸福度を追求するという理念・指針を PST、GNHI、および FYP という主要な個別制度へ落とし込んでいるため、「政策の PDCA プロセスにおいて理念が損なわれにくい」ことである。その根拠として六つの研究結

果が示されている。

①政策目標（各 National Key Result Area、Agency Key Result Area、および Local Government Key Result Area）と九つの幸福領域との対応関係を明確化している。

② GNH 指数が政府予算全体の9.5%分を配分する際の基準として設定され、地区予算および自治都市予算全体の各10%分、および県予算全体の15%分が GNH 指数を基準として配分され、その使途を幸福でない階層・属性の人々や文化的な領域（心理的な幸福、地域の活力、文化の多様性）にかんする施策に指定している。

③政策立案省庁は、個別の政策が22の幸福要因へ与える影響を事前に予測し、幸福度全体として低下しないことを最低条件としてクリアする政策を作成し、第三者的機関の審査・承認を経る必要がある。

④ NKRA、SKRA、および LGKRA の各成果指標として GNH 指標（GNHI）の一部（文化的な領域、健康領域、教育領域）を設定し、成果が出なければ幸福度の低下へ結びつく。

⑤各社会経済課題についての現状を把握するために GNHI による計測結果の一部を活用している。17の NKRA ごとに個々の指標をレビューし、計測結果の経年変化もふくめ、特定の課題（各論）に対して具体的に参照・活用している。

⑥ GNHI が、政策の Plan、Check、および Action の各プロセスで幅広く活用する目的を持って設計され、かつ課題の変化と連動した指標構成の見直しが実施されている。

第二に計画（Plan）・見直し（Action）レベルでは、「幸福度に直接的に影響を与える政策・プログラムを、優先度を反映しながら立案することが可能」であり、かつ、「一つの政策が22の幸福要因に与える影響を事前に予測し内容を調整するための判断材料を収集できる」ことである。その根拠として四つの研究結果が示された。

① GNHI が、セクターごとの目標を決定し、計画が GNH と関連するか確認し、証拠・事実にもとづき GNH を実現する政策・プログラムを立案する目的を持って設計されている。

②実際、FYP のなかで17ある NKRA のうち10の課題分野が GNHI を

レビューして政策・プログラムの策定に反映し、地方レベルにおいては15の県および4の全自治都市がのべ107指標をプログラム作成に活用している。

③ GNH 指数が政府予算全体の9.5％分を配分する際の基準として設定され、地区予算および自治都市予算全体の各10％分、および県予算全体の15％分が GNH 指数を基準として配分され、その使途を幸福でない階層・属性の人々や文化的な領域（心理的な幸福、地域の活力、文化の多様性）に関する施策に特定している。

④ PST が、審査機関（GNH 委員会）の第三者性（中立性・非恣意性）を保持しながら、外部有識者等を審査員として選任することにより多面的な意見を収集し、透明性を維持しながら異なる見解を精査することができ、政策立案機関自身が幸福度を向上する観点から内容を柔軟に修正しやすい契機を創出している。

最後に評価（Check）レベルでは、「優先度を反映しながら、政策・プログラムが直接的に幸福度へ与える影響について目標値を設定し達成度を計測できる」こと、および「複数の政策・プログラムの集合体（総体）の成果としてのアウトカムに対しても目標値の設定と達成度を計測でき、責任が明確となる」ことである。その根拠として三つの研究結果が示された。

① NKRA、SKRA、および LGKRA の各成果指標として GNHI の一部（文化的な領域、健康領域、教育領域）を設定している。

② GNHI が、［1］政策等の有効性をフィードバックする際の手掛かりとし、GNH の充足度を確認して説明責任をはたし、［2］国民に分かりやすく九つの領域を網羅した幸福度を計測する、という目的をもって設計され、かつ課題の変化と連動した指標構成の見直しが実施されている。

③ GNH 九領域と連動している NKRA、AKRA およびその各プログラム、ならびに LGKRA およびその各プログラムにおける成果指標（目標値）をすべて設定している。当該指標には、貧困（生活水準）、アイデンティティ、環境、民主化、政府パフォーマンス、および住環境にかんする GNH 指標（GNHI）が含まれる。

このように GNH 政策システムは、幸福度の向上を目的とする QMS（Quality Management System）として「理念」のプラクティカルなレベルへの浸透、「計画（Plan）・見直し（Action）」における政策の優先順位づけおよびより高い効果が期待できる政策設計、ならびに「評価（Check）」における優先順位づけおよび政策の検証と改善を可能とする成果計測、という三つの有効性をもつことが分かった。したがって、GNH 政策システムの今後の基本的な方向性は、これらの有効性をさらに発展させるため、本研究の結果にもとづき、PST（Policy Screening Tool）、GNHI（GNH 指標）、および Five Years Plan が進歩してきた方向性および現在の基本的な枠組みを保持することが前提となる。その上で、批判的な考察を加えることにより、次の七点を指摘し提案しなければならない。

　第一に、GNH 理念の頑強性にかんする持続可能性についてである。GNH（四本の柱）の理念は、民主化および経済成長を基本とする近代化と、伝統的アイデンティティとを並行して追求する1950年代の"ブータン型近代化"の考え方・実践を歴史的起源とし、重大な危機意識に裏づけられた頑強性を有している。しかしながら、11th FYP（2013年〜）を転換点として初めて開発哲学を表象する"スローガン"を考案し、その内容は「自立、および包摂的で環境に優しい社会経済開発」とされ、伝統的アイデンティティや非物質的豊かさを直接ふくまない文言へ変容している。12th FYP（2018年〜）のスローガン「誰も取り残さない、貧富の格差を縮小する、平等・公正を保証する」も同様である。このような理念レベルの変容がかりに今後も無意識かつ緩やかに進行した場合、FYP が計画する優先課題、GNHI の構成および PDCA サイクル内における活用、ならびに PST における審査の第三者性（多様性）・安定性・柔軟性に対する影響（伝統的アイデンティティの軽視）の有無を慎重に追跡することが重要である。とりわけ、次回 GNH 調査が示す文化的側面（文化の多様性、地域の活力、心理的な幸福、時間の使い方）における幸福度の変動を注視しなければならない。

　第二に PST の運用面にかんする改善余地についてである。本研究におけるエクササイズに参加した二名の日本人外部審査員によるスクリーニング結果を考察したところ、e-Government Policy のドラフトペーパーは、PST が要求している審査基準のうち「政府決定に参加する機会の増加有

無」に対する判断材料を十分に提供していなかった＊10。原因は当該政策によって実現される公共サービスの内容・範囲および用語の意味・定義が十分に具体化されておらず、審査員が正しく理解できないためである。したがって、ドラフトペーパーのフォーマットおよび作成ガイドラインの内容を見直し補完する事や、特に遠隔地から外部審査員が参加する場合にドラフトペーパーのミスリーディング・理解の不十分さを補うための機会を工夫する事を含むテクニカル面の改善が必要である。

第三に、GNH 指標（GNHI）における文化指標割合の減少についてである。文化側面（四領域）の配分割合が4.44に対して2015年の指標数割合は3.80と、2010年指標の4.02から減少している。原因は地域の活力領域の指標（計11）が2007年から増加しておらず、九領域中第七位にとどまっているためである。2007年から2015年までに、ブータン人同士の信用度、夜間の安全性、ボランティア活動への参加、および近所・親戚との助けあい・つきあいが減少しているため＊11、適切な政策に役立つ指標の量および質を再検証する余地がある。

第四に、2007年から2015年までの GNH 調査結果の変化における懸念についてである。祭りやボランティア活動への参加、伝統的な技術・芸術スキル、およびディグラム・ナムザといった文化の多様性領域、先述した地域の活力領域、ならびに汚職・貧富の格差・雇用に対する政府のパフォーマンスおよび zomdue への参加などの統治領域における幸福度が全体として停滞・後退局面にある＊12。上記第一・第三の方向性とあわせて、とりわけ文化・地域面における幸福度の推移および対策に留意していく必要がある。

第五に、12th FYP が担っている計画・マネジメントのうちモニタリング・評価制度の運用についてである。基本的なしくみとして、国・中央省庁を対象とする業績管理局および GNH 委員会が半年および一年毎に実施するもの、ならびに地方自治体を対象とする GNH 委員会、国家技術委員会、および中央政府・自治体が三か月〜一年毎に実施するものが明確化されている。これらのモニタリング・評価が計画どおりに運用され、タイムリーかつ説得力・納得性をもつ内容で公表し＊13、透明性・説明責任を果たすことが期待される。その帰結として、12th FYP が国内外から期待されるであろう、GNH 政策システム全体としての成果の一部となり得る。

図－8 GNH政策システムの有効性および今後の批判的方向性

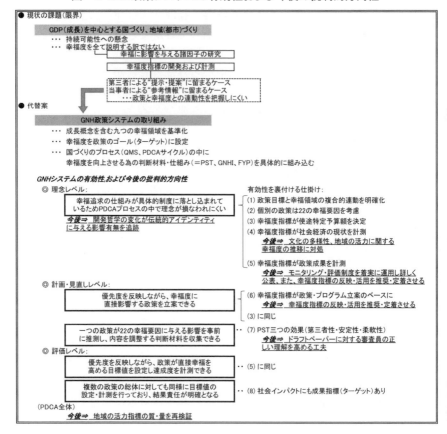

第六に、政策・プログラムを立案するための GNHI（GNH 指標）活用についてである。GNHI の目的のいくつかは、特定のセクターにおける政策目標を設定することや、計画が GNH 指標と関連しているかを確認すること、である。12th FYP は 10 の National Key Result Area で、また15県・4自治都市でのべ107の指標がプログラム立案のために活用されている。2018年より取り組みを開始したばかりであり、今後の継続・蓄積が求められる。また、地域の活力領域は11の指標を有しているもののプログラム立案への反映は最小の2指標（ボランティア活動、家族との関係）にとど

まっている。開発哲学における伝統的アイデンティティの位置づけ、指標数、および計測結果の傾向と連動している点が懸念されるため、一体的に留意してゆく必要がある。

　第七に、政策等の有効性を判断し調整・優先づけを行うための GNHI 活用についてである。GNHI の目的の幾つかは、既存の政策・事業の有効性についてフィードバックを行う際の極めて重要な手掛かりとすること、様々な領域における充足度または不十分さがどの程度変化しているかを十分理解し、資源配分を導くための分析へ主要な情報を提供すること、である。12th FYP は、全17のうち2の National Key Result Area、および全153のうち3の Agency Key Result Area における成果指標に採用しているものの、割合から見ると限定的である。11th　FYP は6の NKRA および7県で Key Performance Indicators（KPI）に採用しており、傾向として減少しているため、検証・見直しを行うことが望ましい。（まとめとして図－8）

6．GNHシステムの都市政策に対する有用可能性

（1）都市への適用に関する基本的な考え方

　GNH 政策システムは、ブータンの国全体を対象とする開発計画・政策のマネジメントシステムであるが、その基本構造はそのまま同国内の自治都市を対象とする施策のマネジメントシステムへ置き換えて理解することができる。なぜなら、実際 12th　FYP（第12次開発五カ年計画）は自治都市分の全体計画および施策をその範囲に含めているからである。具体的には、［１］GNH 政策システムの予算全体の１／２が地方自治体（20県、4自治都市）分として配分されている、［２］モニタリング・評価制度の対象は中央省庁および県に加え同様に自治都市を含んでいる、［３］自治都市の重点施策（Local Government Key Result Areas）は、GNH 四本の柱、九領域、および国全体の重点政策（National Key Result Areas）と連動し、Key Performance Indicat-ors および協働機関を設定・明確化している、［４］同様に個別プログラムのアウトカム指標、アウトプット指標、および協働機関を設定・明確化している。その他にも、4自治都市すべてがのべ107の GNH 指標をプログラム作成に活用し、2015年 GNH 調査および指数の

図－9 GNH政策システムの都市行政への適用概念図

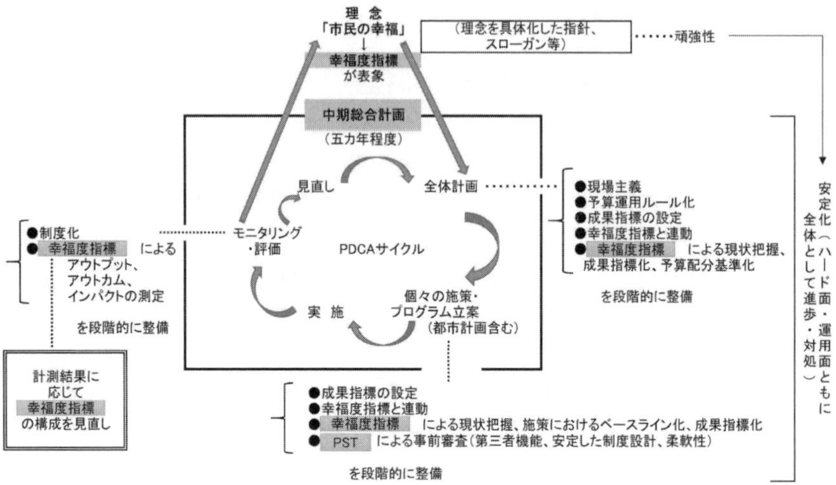

理念
「市民の幸福」

（理念を具体化した指針、スローガン等）……頑強性

幸福度指標 が表象

中期総合計画
（五カ年程度）

見直し　　　　全体計画 ………

モニタリング・評価　　PDCAサイクル

実施　　　個々の施策・プログラム立案（都市計画含む）

●制度化
●幸福度指標 による
　アウトプット、
　アウトカム、
　インパクトの測定
　を段階的に整備

計測結果に応じて
幸福度指標 の構成を見直し

●現場主義
●予算運用ルール化
●成果指標の設定
●幸福度指標と連動
●幸福度指標 による現状把握、
　成果指標化、予算配分基準化
　を段階的に整備

安定化 全体として（ハード面・運用面ともに進歩・対処）

●成果指標の設定
●幸福度指標と連動
●幸福度指標 による現状把握、施策におけるベースライン化、成果指標化
●PST による事前審査（第三者機能、安定した制度設計、柔軟性）
　を段階的に整備

計測結果を自治都市別および都市部・農村部別に集計・分析している。
　そこで、GNH 政策システムおよび発展過程をまとめた前掲の図－7を
そのまま都市行政に当てはめると、図－9の通り表すことができる。この
ように、市民の幸福を理念として指針やスローガンを明確化した上で、表
象としての幸福度指標を開発し、中期総合計画の中で指標および Project
Screening Tool ＊14を含む Quality Management System の PDCA サイク
ルを回していくモデルを基本的な形として想定する事ができ、このモデル
を念頭に置きつつ有用性を次節より検討していく事とする。

（2）社会経済システムの進化ならびに都市の意義および課題

　今後の都市のあり方を考える際、グローバルな経済システム全体がたど
ってきた過去の進化過程を俯瞰するなかで都市が果たしてきた機能の意義
を把握すること、および国際社会が直面する現在の共通課題を認識するこ
とはともに重要である。
　図－10は、経済構造が農業から市場経済、工業化をへて情報化社会へい
たる変化を軸に、科学・技術イノベーションが生み出す利潤・効用、都市
の意義、今日のグローバル社会が直面する諸課題（漸増を予測できる "スト

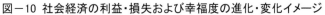

図－10 社会経済の利益・損失および幸福度の進化・変化イメージ

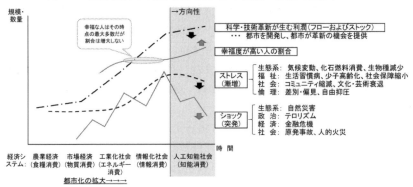

レス"と、突発的に発生する"ショック"に大別できる)、ならびに幸福度が高い人の割合という三要素との対応関係をイメージ化したものである8)。利潤の蓄積等をベースに都市を開発し、都市が次のイノベーション機会を提供する好循環のなかで、情報化社会が大きく進展した現在、AI（人工知能）、IoT（物のインターネット化）、ビッグデータ、デジタル通貨、自動運転、およびゲノム解析などの情報通信技術やバイオテクノロジーの分野でブレークスルーが進行しており、いわゆる科学・技術によって社会問題を克服しようとする考えは今後の大きな方向性のひとつと考えられる。その過程においては、経済成長による利潤のフローおよびストックは今後も増大するであろうが、成長の持続可能性および人々の幸福度の観点からは上昇スピードを追求することが賢明かは検討する余地がある。なぜなら、主観的な幸福度は傾向として、資本主義・市場経済が生む成長により物質的な豊かさを享受することで一定水準に達したのち、所得・財産以外の諸要因（健康状態、家族との関係、精神的なゆとり、就業状況、および時間の使い方など）が上昇の緩和・停滞に作用していると考えられている。したがって今後はこれら後者の諸要因を改善することが重要になる。実際、たとえば世界各地におけるスマートシティの概念においては、スマートシティの目的は ICT 産業の振興、持続可能なエネルギー利用の促進、および都市の持続可能な成長に、生活の質・幸福度の向上を加えた四類型に大別することができる。このうち、幸福度向上を目的とする欧米・日本の幾つかのスマートシティが設定する指標は、OECD・欧州・豪州・日本・ブータンの

幸福度指標と53.8%が一致または類似している9)。

　一方、社会全般が直面している諸問題は、偶発的に極度に顕在化する危機（自然災害、テロリズム、金融危機、および原発事故など）と、顕在化したまま緩やかに進行していく危機（気候変動、少子高齢化、コミュニティ縮減、差別・偏見など）とに大別できる。また、都市およびコミュニティの観点からは人口過密、大型商業施設の撤退、環境・防災・防犯機能の悪化・弱体化などが顕在化している。

　今後は、想定を超える危機を極力減らす対策を講じていくことが重要であるが、その背景や方向性について持続可能な社会の観点から考えることができる。国連の持続可能な開発目標（Sustainable Development Goals: SDGs）は、貧困、保健、教育、水、エネルギー、都市、生産・消費、気候変動、海洋・陸上資源といったいわば「社会共通資本（顕在的なストック）」と、市場経済が産出する「財・利潤（フロー）」の二つの要素をターゲットとし、その持続可能な開発・利活用をめざしている。
これら二つの条件（社会共通資本、市場経済）にくわえて、地域やコミュニティの最小単位である人々が持続可能であるための三つ目の基本的な条件は、人命、（資源としてではなく）自然環境それ自体、居住する場所そのもの、地域の人々とのつながり、および生きる上で持っている意思・精神性であり、いわば「生きるための基礎条件」（潜在的なストック）として定義することができる（図－11）10)。このうち意思・精神のなかには、ある種の宗教的な意識（死生観など）と道徳的な意識、いわゆる価値観が存在しており、長い歴史により形成・維持される性質のものである。この生きる基礎条件*15はいずれも、個々人の利害・事情・選択の対象を超えて地域の人々がともに意識的に支え維持していく必要がある。持続可能な社会を実現するためには、市場経済や社会共通資本が整っていてもそれを支える土台としての生きる基礎条件が崩れれば、ショックやストレスによるダメージは今まで以上に甚大となり得る。また、資本主義にもとづく過度な経済成長を追求し続けることによっても生きる基礎条件の維持を困難にし弱める作用が働くものと考えられる。現代における社会的危機の背景には、生きる基礎条件への認識が相対的に薄れてきている可能性がある。

　これらのような背景整理および問題意識にもとづき、今後の都市をふくむ社会経済システムを計画・開発・再構築するにあたり目指す基本的な方

図－11 持続可能な社会を可能とする三つの基本的な条件

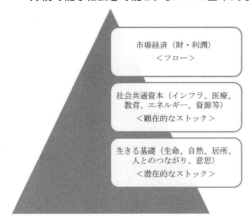

向性のひとつは、持続可能性および人々の幸福度の観点から、［1］科学・技術革新による経済成長のスピードを社会共通資本に必要十分な程度にとどめて持続可能な成長をめざすという観点をもち（SDGs と方向性そのものは同じ）、［2］余剰の一部を生きる基礎条件（潜在的ストック）および自然災害など突発的危機による損害に対して分配することにより、自然・居所・人々とのつながり・精神的な安定を支え、もって［3］人々の幸福度を維持・向上させる好循環の視点を持つこと、であると考えられる。

（3）日本の都市行政の意義および機能更新の必要性

　前節で言及したとおり、近代都市が有する機能として果たしている意義のひとつは経済利益の生産（フロー）・蓄積（ストック）機会の創出・供給である。日本においても同様に、効率的な利益を期待できる金融・不動産等の業種やテクノロジーが先導するビジネスが集中する東京への投資が集中している。また、都市や国としての国際競争力を高める機能を持たせるため、都市再生特別地区や国家戦略特区等により新たなビル群が開発されている11)。一方で、一定の経済成長を達成した今日、その上位概念としての幸福を追求するために「生活の質」（QOL：Quality of Life）へと重点がシフトしつつある12)。また、本格的な人口減少時代をむかえ、施設や建築は従来の"整備（開発）"にくわえてその後の"維持・管理"が同等

のウェイトで重要になっている。つまり、整備・維持・管理・その後の更新、という従前より長い時間軸をハンドリングするためのより高度な"マネジメント力"が求められており、行政だけの資源の限界を超えている。したがって、都市計画は今まで以上に民間や市民による関与以上の役割が必要となる13)。そこで、本節は都市の経済的機能によって蓄積されたストックが派生した効用のうち QOL すなわち「都市に住む人々にとっての社会共通資本」という側面に視点を移し、さらには「人々の生活満足度」という付加価値へ波及している意義などを再整理していく。

　安藤（2014）は、総合的な生活満足度に影響をおよぼす個別の生活指標を回帰分析により明らかにしている14)。確保できる手頃な住宅事情、良質な居住環境、通勤・通学を容易にする交通機関、安全な歩道の整備、地域やまちの暮らしやすさ、防災、および防犯、という都市政策があつかう個別の整備が生活満足度と有意な関係にある。以上はとくに都市計画制度が得意とするハード面の指標がおもであるが、さらに都市行政全般が取りあつかうソフト面の生活指標にまで範囲を広げると、病気予防や健康相談などを受けつける、生涯をつうじて趣味や教養を高められる、目標を満たす貯蓄ができる、雇用が安定している、および安心して子育てができる、という指標が生活満足度へ影響をおよぼしている。このように、都市行政全体はハード・ソフト両面による社会共通資本（顕在的ストック）をアウトプットとして用意することで、人々の総合的な生活満足度というアウトカムを提供する機能を有すると考えることができる（これまでの都市機能）。

　さらに、自治体行政全体から都市行政のみを縦割りするのではなく、都市・地域全体にかかわる分野横断的性質をもつ生活指標についても広く都市政策のなかへ取り込んで考えるならば、上記指標に加え、イライラやストレス等の精神的緊張が少ない、および親子の対話や信頼が十分ある、という心理的な安定や家族との関係についても施策対象として含まれてくる。このような生活指標は、顕在的ストックとしての社会共通資本というより潜在的ストックとしての人とのつながりに関わっており、家族・友人・地域・社会との関係性全般から生じる心理的・精神的な健康（ストレスや疎外感等の有無）といういわゆる「社会関係資本」である。

　この点に関連して従来の都市計画では、たとえば空き家・空地が何らか新しい機能に置き換わったり、防災機能が立替等により改善されるなど、

社会問題が起こらない、過度な集中にならない、という様なネガティブチェックが中心にあった。その場の質を高めることにより幸福感がある、誇りを持てる等、人々の心理へプラスの価値を重視する手法が不得手であったため、今後は対応してゆく必要がある11)。人間関係や心理的な健康といったよりきめ細やかで潜在的なニーズを充足することも「新しい付加価値」をより高めるものとしてこの新しい機能に含めて考えることは人々にとって有益である。この社会関係資本は、前節で整理した社会の持続可能性および人々の幸福度の観点からも重要であると考えられるため、都市行政がたとえば社会福祉関連の行政と協働しながら横断的にとりくむべき新しい機能へ含めることが有用であると考える（図－12）。

図－12 従来の都市機能の意義および機能の更新・拡張

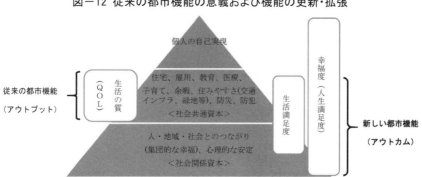

（4）GNH政策システムの有用性および活用法の検討

　前節で指摘した、都市行政の機能を社会関係資本へ拡張し、都市の持続可能性および人々の幸福度へ貢献しようとする立場は、日本の都市行政は「誰が誰のために行うのか」への解を更新することでもある。現在の都市計画法が規定する担い手は行政または国であり、市民は公共の福祉を達成するための「協力者」として位置づけられている11)。この点、図－12で示したように、機能を拡張した都市行政のターゲットのなかに「主観的指標を含む生活満足度および幸福度」といった上位のアウトカム指標がふくまれ、従来の機能がおもにターゲットとする客観的な生活の質（QOL）という直接的・ハード面のアウトプット指標だけに留まらない。このように、市民のより内面に作用を及ぼそうとする機能の更新は、少なくとも都市の

受益者を公共の福祉という漠然とした客体から「顔の見える市民」へと一歩踏み込むことを意味する（表－7）。

このような新しい機能を付加する観点から、GNH 政策システムが日本において有用と成り得る方向性および活用法を、国連の持続可能な開発目標（Sustainable Development Goals; SDGs）との相違もふくめて考察する。

前節で検討した都市の機能更新の方向性に対して、GNH 政策システムが有用可能性をもつ基本的な三つの知見は、［1］政策を、目的ではなく幸福度を高めるための手段に位置づけていること、［2］都市の持続可能性および人々の幸福度を高めるための「地域・人とのつながり」および「精神的・心理的な安定」という社会関係資本（生きる基礎としての潜在的ストック）を重視するしくみをもつこと、［3］国連の持続可能な開発目標（Sustainable Development Goals: SDGs）と異なり、分野の異なる個

表－7 経済環境の変化をふまえた日本の都市行政の適応（進化）の方向性

		変化・更新前(20 世紀) ➡	変化・更新後(21 世紀)
経済環境	経済成長の水準・速度	高度成長	持続可能な成長
	国際・社会の問題・課題	国際競争力、投資の選択・集中、容積率緩和、効率化、生産性向上、エネルギー供給等	＋環境・生態系への負荷、災害甚大化、少子高齢化、コミュニティ縮減等
	余剰利潤の投資先	社会共通資本（顕在的ストック）	＋生きる基礎、社会関係資本（潜在的ストック）
日本の都市行政	都市計画の役割	開発、整備、制御、ネガティブチェック	＋維持、管理、更改、価値の付加
	プロジェクトのマネジメント期間	短・中期間	＋長期間
	担い手	行政、国	＋民間、市民
	受益者	公共の福祉、競争優位企業	＋顔の見える市民
	指標	物質的な豊かさ(所得)、生活の質(QOL)	＋生活満足度、幸福度

別の政策を縦割りで実施せず、分野横断的な影響・関係性を重視し予測するしくみを用意していること、と考えられる。

　一点目として、一般的に経済成長は目的ではなく手段であるとも指摘されるが、都市の機能にかんしても、経済成長に貢献することや社会共通資本を整備することを目的ではなく生活満足度や幸福度のための手段に位置づけるという考え方へ、ある意味では抜本的に更新・拡張することが重要である。

　このことが、二点目の「社会関係資本」を考慮に含めるしくみへつながる。GNH 指標とも比較・関連づけられることがある SDGs の17目標15)（表－8）をよく確認すると、社会関係資本が含まれていないことがわかる。また、GNH 指標の九領域のうち、心理的な幸福、時間の使い方、および地域の活力の三領域にかんする指標群のほとんどが169のターゲットに含まれていない。三領域の指標群とは、主観的な健康・職業・家族関係・ワークライフバランスに関する満足度、前向きな感情の経験（冷静、哀れみ、容赦、満足感、寛容さ）、後ろ向きな感情の経験（自己中心、嫉妬、恐怖、不安、怒り）、仕事と睡眠の時間、隣人への信頼度、地域への帰属意識、家族との関係性（助け合い、疎外感、家族と過ごす時間、相互理解、安寧さ）、についての指標である。また、健康領域および文化の多様性領域における指標のうち、精神的な健康にかんする12指標（集中力、睡眠障害、自己有用感、決断力、切迫感、挫折感、楽観的な心理・見通し、不幸の感情、自信の喪失、自己の価値など）、および社会的・文化的な活動に費やす時間についての指標も含まれていない。

　これらの社会関係資本関連の指標は、GNH 指標をふくむコミュニティの幸福度指標が有する特徴である。たとえば、米国の Gallup および Sharecare が実施している2017年 Community Wellbeing Ranking（米国186地域をランキング）は、経済的な安定のみならず、自身の日常生活に対する愛着、目標を達成するモチベーション、人生を支援し、愛情を与えてくれる社会的な関係、住んでいる地域への愛着、コミュニティへの誇り、および日常生活を送るための十分な活力に関する要素を計測している16)。また、オーストラリアの Greater Dandenong 市が策定している Community Wellbeing Plan 2017-21 は、四つの優先分野として、①地域のインフラ・交通・環境、②学習および雇用、③精神的・身体的な健康、

表−8 国連の持続可能な開発目標

持続可能な開発目標

目標1.　あらゆる場所のあらゆる形態の貧困を終わらせる

目標2.　飢餓を終わらせ、食料安全保障及び栄養改善を実現し、持続可能な農業を促進する

目標3.　あらゆる年齢のすべての人々の健康的な生活を確保し、福祉を促進する

目標4.　すべての人々への包摂的かつ公正な質の高い教育を提供し、生涯学習の機会を促進する

目標5.　ジェンダー平等を達成し、すべての女性及び女児の能力強化を行う

目標6.　すべての人々の水と衛生の利用可能性と持続可能な管理を確保する

目標7.　すべての人々の、安価かつ信頼できる持続可能な近代的エネルギーへのアクセスを確保する

目標8.　包摂的かつ持続可能な経済成長及びすべての人々の完全かつ生産的な雇用と働きがいのある人間らしい雇用(ディーセント・ワーク)を促進する

目標9.　強靭(レジリエント)なインフラ構築、包摂的かつ持続可能な産業化の促進及びイノベーションの推進を図る

目標10.　各国内及び各国間の不平等を是正する

目標11.　包摂的で安全かつ強靭(レジリエント)で持続可能な都市及び人間居住を実現する

目標12.　持続可能な生産消費形態を確保する

目標13.　気候変動及びその影響を軽減するための緊急対策を講じる*

目標14.　持続可能な開発のために海洋・海洋資源を保全し、持続可能な形で利用する

目標15.　陸域生態系の保護、回復、持続可能な利用の推進、持続可能な森林の経営、砂漠化への対処、ならびに土地の劣化の阻止・回復及び生物多様性の損失を阻止する

目標16.　持続可能な開発のための平和で包摂的な社会を促進し、すべての人々に司法へのアクセスを提供し、あらゆるレベルにおいて効果的で説明責任のある包摂的な制度を構築する

目標17.　持続可能な開発のための実施手段を強化し、グローバル・パートナーシップを活性化する

*国連気候変動枠組条約(UNFCCC)が、気候変動への世界的対応について交渉を行う基本的な国際的、政府間対話の場であると認識している。

ならびに④安全、地域への貢献および社会的な結合、をあげている。具体的には、地元コミュニティへ活発に参加するためのインフラ・交通、ボランティア活動をつうじた能力開発や地域貢献のための機会創出、人間関係における平等および敬意の促進ならびに家庭内暴力の防止、を目的としている17)。

内田（2019）によると、地域内の信頼関係、地域への貢献意欲、および地域の人々の主観的幸福感は相互に影響をおよぼし循環しており、その過程をつうじて地域への一体感（愛着）が生まれるのみならず、多様な人材を受け入れる開放性につながる（図－13）。その前提には、集合活動（用水路整備行事）および拠点の存在（学校、公民館）が重要となっている。さらにこれら一連の循環が、むしろ人々の健康維持のモチベーションとなっていることも示唆されている18)。

図－13 地域の幸福の多面的測定モデル（内田の研究より）

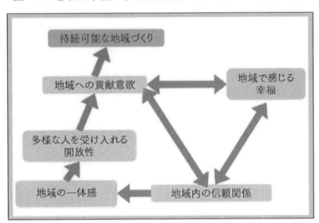

　このような社会関係資本は、地域の活力を生み持続可能性を高めるうえで有益と考えられる。人々の幸福度の源泉が地域内に存在するほど、地域への貢献意欲が高まり、雇用をふくむ経済活動の活性化、自然災害への対応、および文化・芸術の継承などへプラスの影響をおよぼすであろう。さらに好循環として地域に貢献するために個人が健康維持に意欲的となる相乗効果も期待される。

　都市行政の機能を更新するためには、［１］持続可能な程度の成長フローおよび顕在的ストック（社会共通資本）、［２］自然災害やコミュニティ縮減に対して持続可能であるための土台としての社会関係資本（地域・人とのつながり、心理的な安定）、および［３］これらを包含する総合指標としての幸福度、の三点に対してプラスに作用しなければならない。GNH政策システムは、第一の課題に対して、近代化と伝統的アイデンティティ

（文化、環境等）を両立するブータン型近代化を理念とし、四本の柱（開発、文化、環境、および統治）および九領域（生活水準、健康、心理的な幸福、地域の活力等）を制度的なしくみとして整備しており、理念および制度が一貫して持続可能な経済成長を追求している。第二の課題に対して、主観的な健康・職業・家族関係・ワークライフバランスにかんする満足度、前向きおよび後ろ向きな感情の経験、隣人への信頼度、地域への帰属意識、家族との関係性、精神的な健康、および社会的・文化的な活動に費やす時間、という社会関係資本に関する指標を中心のひとつとしている。第三の課題に対して、第二の観点にも関係するが、GNH 指標の各内容は市民一人ひとりの個別の状況にかんする情報および身近なコミュニティにかんする状況を把握する指標が中心となっている。そのうえで、都市行政が主眼とする生活の質（QOL）に、主観的な生活満足度および社会関係資本をくわえた総合的な幸福度を計測している。その際、幸福度の全体的な推移の把握を工夫しており、33の項目のうちいずれか22以上の項目において充足している人を幸福と定義し、個人におうじて多様性・多元性をもつ幸福度の特徴をうまく反映しながら、幸福に影響を与える個別の要因ごとに情報を把握できるよう設計されている。このように、GNH 政策システムが都市機能を更新するためにプラスに作用すると考えられる要素および循環性を図−14のとおり表すことができる。

　GNH 政策システムが有用となり得る基本的な知見の三点目は、国連の持続可能な開発目標（Sustainable Development Goals: SDGs）と異なり、分野の異なる個別の政策を縦割りで実施せず、分野相互間の影響・関係性を重視し予測するしくみを用意していることである。SDGs は、総論でこそ「総合的なアプローチを反映して目標とターゲットには深い相互関連性と分野横断的な要素がある」「17の持続可能な開発目標と169の関連づけられたターゲットは、統合され不可分のものである」とうたっている。たしかに17の開発目標は相互に密接に関連しているであろうが、目標を達成するための手段・方法における分野横断的な「仕組み」までを担保している訳ではなく、したがって従来同様に個別の目標毎に縦割りで実施される若しくはできる余白を残している。この場合、トレードオフの関係をもつ目標を相互に両立することは基本的に困難にみえる[19]。たとえば、ターゲット10-1「各国の所得下位40％の所得成長率について、国内平均を上

図－14 都市の機能更新に有益と考えられるGNH政策システムの要素および循環性

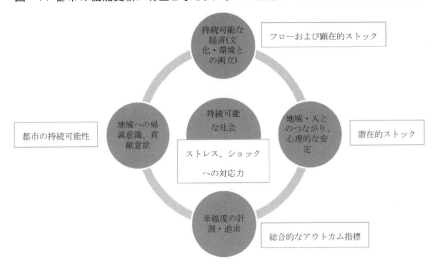

回る数値を漸進的に達成し持続させる」ことと、14-1「海洋堆積物や富栄養化をふくむとくに陸上活動による汚染など、あらゆる種類の海洋汚染を防止し、大幅に削減する」ことがトレードオフの関係にある地域は誰がどのように判断・対処すべきかまでは明瞭に言及ないし提案されていない。この点、GNH 政策システムは、第12次開発五か年計画（12th Five Years Plan）において中央省庁の全プログラムを対象に個別のプログラムごとにGNH 九領域に与える影響を事前に検討・判断するしくみを導入している。また、全政策ドラフトを対象に22分野の幸福要因に与える影響を GNH 委員会の元で事前に審査・予測し、基準を下回る政策を承認しないしくみを備えている。

　以上のように、都市の機能更新の方向性に対して GNH 政策システムは次の三つの基本的な知見において有用となる可能性があり、更に検討すべきと考えられる。

　①個別政策そのものが目的ではなく幸福度を高めるための手段に位置づける考え方

　②都市の持続可能性および人々の幸福度を高めるための「地域・人とのつながり」および「精神的・心理的な安定」という社会関係資本（生

きる基礎としての潜在的ストック）を重視するしくみ
③国連の持続可能な開発目標（Sustainable Development Goals: SDGs）
と異なり、分野の異なる個別の政策を縦割りで実施せず、分野横断的
な影響・関係性を重視し予測するしくみ

　そして、日本の都市行政が GNH 政策システムの技術的・制度的なしく
みを導入しようとする際の方法・手順の基本的な考え方として、その発展
過程に基づいたプロセスの全体像を図－15のとおり整理した。ステージは
大きく三段階に分けられ、理念・指針の明確化、幸福度指標およびスクリ
ーニング基準の設計開発、ならびに総合計画における PDCA サイクルと
の連動、である。第二ステージにおける幸福度指標の設計にあたっては、
目的の設定は実態・状況に応じて複数または単独いずれか選択することが
可能であり、ブータン同様に実際の運用面においては段階的に発展させる
方法も考えられる。三つのステージはそれぞれ単独のみで実施・完了する
ことも可能であろう。各ツールや視点を個別に、主体についても行政、企
業、市民グループなど、可能な要素から部分的に活用していくことが可能
である。すでに幸福度調査や全体計画での活用にとりくんでいる自治体に
おいては、都市機能の更新の実効性を高めるうえで第三ステージにおける
PDCA サイクルの有効な運用まで、段階を踏みながら計画的に実現して
いくことも可能と考える。

（5）今後の課題
　本研究は、Policy Screening Tool (PST)、GNH 指標、および Five
Years Plan (FYP) という GNH 政策システムを構成する三つの特徴的な
しくみを考察し、システム全体としての発展過程、有効性および今後の方
向性を明らかにしたうえで、都市機能を更新するうえでの有用性および日
本の都市行政における適用可能性を検討したものである。
　しかしながら、いくつかの限界・制約を指摘しておく必要がある。PST
にかんして、ブータン政府側の情報公開ポリシーにより審査結果データの
入手が困難なため限られたケーススタディにもとづく研究結果となってい
る。また、FYP を中心とした PDCA サイクルの研究にかんして、今回の
研究は個々のプロジェクト・施策レベルの PDCA サイクルの発展過程や

図-15 都市行政がGNH政策システムを構築する場合の手順およびバリエーション

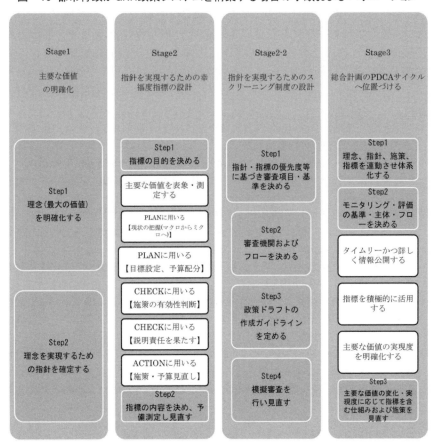

有効性までをカバーするものではない。くわえて、GNH 調査は2015年を最後に実施されていないため、2018年をそれぞれ終了年・開始年とする第11次 FYP・第12次 FYP の発展過程のうち、両 FYP における成果の一部などが判断できていない。また、GNH 政策システムに対する本研究全体に共通する観点として、あくまでもシステムの形式的な発展過程を明らかにしているに留まっており、実態および実質的な効果については検証できていない。したがって、都市機能を更新するための有用性の検討についてもこれら幾つかの限界を前提に成立するものである。

今後はこれらの課題にかんして、GNH 政策システムにおける面的な水平方向への展開（他のしくみの研究）、線的な垂直方向への深掘り（実態および実質的な効果）の双方の視点から追究を積み重ねたうえで、都市行政の機能更新における有用性および適用方法をより実証的に提案していく必要がある。

（日本 GNH 学会会員）

補注

*1　本稿は、筆者の2020年3月24日付博士学位論文（横浜国立大学大学院　都市イノベーション学府）の内容に基づく。

国会図書館ホームページ（https://iss.ndl.go.jp/books/R000000025-I007669532-00）または横浜国立大学　学術情報リポジトリ（https://ynu.repo.nii.ac.jp/）より電子データ版の検索・閲覧が可能である。

*2　指標の数は数え方の基準によって異なってくる。本稿では、形式上では一つの質問文であっても尋ねている内容が二つ(以上)あれば指標数は二つ(以上)としてカウントしている。

*3　GNH 指数の算出方法に関する和文解説書として、太田聰一「幸福度指数を考える」（『幸福 ＝ HAPPINESS』ミネルヴァ書房、2014.3、45〜57頁）がある。

*4　Ｚスコアは次の計算式で算出される：Ｚスコア＝（各県の値−平均値）÷標準偏差。平均値と等しい場合に0となり、平均値より高い場合はプラス、低い場合はマイナスになる。

*5　GNH 指標は三つの階層で構成されている。上位概念から順に、四本の柱(目標)、九つの領域、三十三の項目への細分化されている。なお、三十三の項目が属する領域がブータン政府刊行物でも異なっているケースが見られるため、本稿による分類は複数パターンあるうちの一分類として位置づけられる。

*6　主成分分析の考え方とは、分析しようとする一つひとつの個体（データ）を、最も分散させる（できるだけ重ならないようにバラバラに離す）ように別のデータへ合成することによって、その個体（データ）の特徴をよく説明できる主成分とは何かを明らかにしようとするものである。また、寄与率とは、導き出した主成分がどれだけ個体（データ）の特徴をよく説明しているのかを意味し、1に近いほどよく説明している。

*7　コレスポンデンス分析とは、二つの基準（分類）でいわゆるクロス集計したデータを、対角線上に（斜めに）まとまりのあるクロス集計表に並べ替える手法をいう。この並べ替えは、対角線上（斜め）のまとまりの相関係数が最大になるように行う。図−4の場合には、まず各年の指標数を九領域別にクロス集

計したあとに、図の左上と右下の指標数が多く（相関係数が最大に）なるように「年」と「九領域」をそれぞれ並び替えた結果を示している。

＊8　博士学位論文において、ブータン国内の GNH に関する時代潮流の中で各 FYP がどのように位置づけられるのか、また、GNH という開発哲学は2000年代の政策実務レベルにおいて変化したのか否か、を整理・考察している。同論文の第5章第1節および第2節を参照願いたい。

＊9　ISO9001:2015 の Quality Management System:（QMS）とは、国際標準化機構（International Orgamozation for Standardization）が企業の提供する商品・サービスの信頼性に一定の保証を付与することを目的として要求する品質水準（規格）をいう。具体的には、企業等が顧客や利害関係者のニーズ（要求事項）を実現するため、商品の製造やサービスの提供を行うための計画（Plan）・実施（Do）・評価（Check）・改善（Action）を継続的に繰り返す、いわゆる PDCA サイクルを回すことによって目標を達成する仕組み（モデル）をいう。

＊10　博士学位論文の第3章第3節を参照願いたい。

＊11　博士学位論文の第4章第3節（4）を参照願いたい。

＊12　博士学位論文の第4章第3節（8）を参照願いたい。

＊13　例えばオーストラリア Onkaparinga 市や三重県では、モニタリング・評価の結果をタイムリーかつ説得力・納得性を高める内容で公表している。詳細は博士学位論文の終章第2節（3）および（4）を参照願いたい。

＊14　Policy という概念は国レベルのみに適用されるとみなし、代わりに Project という概念を仮に用いている。

＊15　東日本大震災などの大規模災害により喪失される要素として顕在化し、故郷等としての住む場所、人々とのつながり、および精神的な安定、が挙げられる。

〔参考文献〕
1）山下修平、高見沢実(2016)「ブータンの国民総幸福(GNH)政策の理念と計画化に関する研究　―理念の歴史的起源と具現化のための Policy Screening Tool の効果について―」公益社団法人　日本都市計画学会，都市計画論文集　Vol.51 No.3, 2016 年 10 月，P741-748
2）9th FYP 第4章　'Development Planning and Management'
3）10th FYP 第1巻第3章第9節　'the Planning Process and Implementation Modality'
4）11th FYP 第1巻　'Executive Summary'
5）12th FYP 第1巻第3章第9節　'Resource Allocation Framework'。なお、FYP にかんする考察は、これら参考文献 2)～ 5)のほか、以下のブータン政府

Gross National Happiness Commission ホームページ上で公表されている各開発五カ年計画、作成ガイドライン、中間レビュー、および最終報告書に基づく。
https://www.gnhc.gov.bt/en/?page_id=15、
https://www.gnhc.gov.bt/en/?page_id=1338、
https://www.gnhc.gov.bt/en/?page_id=9, 2020.2.5

6) 参考文献 1) に同じ

7) 山下修平、高見沢実(2019)「ブータンの国民総幸福度指標(GNH Indicators)の変遷に関する研究 ―指標の目的および構成の発展過程について―」公益社団法人 日本都市計画学会、都市計画論文集Vol.54 No.2、2019年10月、102～113頁

8) 京都大学こころの未来研究センター, 学術広報誌「こころの未来」第22号、2019.12.15、23頁、および同第21号, 2019.8.10、55頁の図を元に作成

9) 山下修平「Basic Study on Classification of Smart City Indices and those Measureing Wellbeing」2018 International Conference of Asian-Pacific Planning Societies, 2018 年大会(ホーチミン), 2018年8月24日発表

10) 佐伯啓思「成長経済から持続的社会へ」京都大学こころの未来研究センター, 学術広報誌「こころの未来」第22号、2019.12.15、21頁の図を元に作成

11) 高見沢実「都市の機能更新を考える」公益社団法人日本都市計画学会「都市計画」Vol. 68, No. 6、2019年11月、10～13頁

12) 林吉嗣「QOL を高める都市づくり」公益社団法人日本都市計画学会「都市計画」特別号：これからの都市計画、2016年1月、66～67頁

13) 中井検裕「目指すべき都市計画の方向」公益社団法人日本都市計画学会「都市計画」特別号：これからの都市計画、2016年1月、8～9頁

14) 安藤章「国土・都市政策における幸福指標の適用可能性に関する実証研究」公益社団法人日本都市計画学会 都市計画論文集Vol. 49, No. 3、2014年10月、561～566頁

15) 外務省「Japan SDGs Action Platform」https://www.mofa.go.jp/mofaj/gaiko/oda/sdgs/about/index.html、2020.1.28

16) Sharecare, 'Community Wellbeing Index', https://wellbeingindex.sharecare.com/、2020.1.28

17) City of Greater Dandenon, 'Community Wellbeing Plan 2017-21 and Annual Action Plan, https://greaterdandenong.com/document/26182/community-wellbeing-plan、2020.1.28

18) 内田由紀子「つながり・共生のメカニズムとこころの豊かさ」京都大学ここ

　　ろの未来研究センター, 学術広報誌「こころの未来」第21号、2019.8.10、50頁

19)　藤田裕之「レジリエンスと持続可能性」京都大学こころの未来研究センター,
　　学術広報誌「こころの未来」第22号、2019.12.15、22頁

SDGsが導く幸福志向の経営

Happiness-oriented Management driven by SDGs

山中　馨

＊

はじめに

　本稿では、社会課題の解決を自己の事業の中核に据えた企業こそが
SDGs の目標達成の要となることを示します。文献[1]では、「幸福志向の
ビジネス」を「人間主義経営のビジネス」と名づけ、「世界平和実現を志
向したビジネス」であることを示しました。その中で SDGs にも言及し、
人間主義経営の具体的な目標としてこれを事業の基盤に取り入れることが、
一つの有効かつ実践的な手段であることを論じました。

　本稿は、文献[1]の論考を引き継ぎ SDGs の立脚点から、それぞれの目
標と幸福志向ビジネスの関係を明らかにすることにより、これからの企業
経営のあるべき姿を通じて持続可能な開発のもとでの地球環境の保全に寄
与しようとするものです。

1．世界が遭遇している大きな転換点

　現在の世界を VUCA ワールドと称することがあるようです[2]。すなわ
ち Volatility、Uncertainty、Complexity、Ambiguity という複雑で不確
かで変動の大きな先行きの見通しが全くできない今の世界経済の状況を言
い表している言葉です。これは、ただ単に現在の経済状況だけを表現した
ものではなく、私たちの生活そのものが大いに当てはまる表現ではないか
と思われます。この表現で分かるように、私たちは、今大きな転換点に立
っているのではないでしょうか。これまでの経験だけでは、判断のつかな
い全く新しい岐路が目の前に迫り、どの道を取るべきかが定かではない状
況を表しているのではないかと解釈できます。

　ビジネスの世界での転換点の一つとして挙げられるのは、10年ほど前に

ハーバード大学教授のマイケル・ポーター氏が提唱した CSV（Creating Shared Value）の考え方です[3]。この全く新し経営戦略は、次のように説明されています。「社会のニーズに取り組むことで社会的価値を創造し、その結果、経済価値が創造されるというアプローチ」。すなわち、これからのビジネスでは、「現在直面している喫緊の社会問題に対して、慈善活動ではなく、あくまで事業として取り組むことが何より効果的」であるとし、「企業が経済価値のみを追求することが、自社の競争力を弱める時代に突入した」との時代認識がベースになっています。ここで言われている社会問題とは、特定の問題をイメージしたものではありませんが、ポーター氏は日本での講演で日本における社会問題に関連して次のように述べています。「日本にも巨大な社会的ニーズが存在しています。高齢化の問題をはじめ、医療費の増加、環境問題、自然災害への対策などです。日本政府はこうした問題に独力で対処できるだけの資源と能力を持ち合わせていません」。これは、現在私たちの目の前にある喫緊の社会課題というものは行政だけで解決できるような単純な構造の問題ではないこと、そして、これからの企業は短期的な利益優先では立ちいかなくなる時代になったこと、それ故に企業経営の根幹に社会課題の解決を据えなければ企業の存続が危ういとの指摘であろうと思われます。

　以上のような企業経営の変革に沿った形で近年は、自社の事業の見直しを進めるグローバル企業が出現しています。例えばネスレは、自らを食品会社であるとは言わなくなったとのことです。「栄養の企業」だといい始めている。同様にナイキは、運動用品のメーカーではなく、「健康とフィットネスの企業」と自らを定義し直しているようです[2]。すなわち、製品で自社を表現することをやめ、課題解決の事業目的を表現しようとする試みであり、ここに全く新しいビジネスの流れがあると捉えることができます。

２．ローマクラブの報告書「成長の限界」、「限界を超えて」、「2052」

　1972年にローマクラブから「The Limit to Growth（成長の限界）」[4]と題する報告書が出されました。これはワールドモデルというコンピュータ上での世界モデルを用いて将来の地球の様々な資源の先行きを予測したもので、主な結論は次のようなものです。「人口と工業資本がこのまま成

長し続けると、食糧やエネルギーその他の資源の不足と環境汚染の深刻化によって、2100年までに破局を迎える」。「人類は、成長を自主的に抑制して『均衡』を目指さなければならない」。この報告書の内容に世界は衝撃を受け、この予測に対してはモデルの前提条件が間違っているなどの多くの批判も出たようです。しかし、ここで語られた「均衡を目指す」という全く新しい概念は、現在「持続可能な開発」と称されている概念と同様のものです。一般には、「持続可能な開発」という理念は、1980年に UNEP（国連環境計画）などがとりまとめた「世界保全戦略」で初出したといわれていますが、筆者はこの時点で人類の破局を避けるための方途として「持続可能な開発」という考え方が提起されたと考えています。「成長の限界」では、この事態に対して早く手を打たねばならず、時間との闘いであり、対策を立てなければ地球の破局を回避する限界を超えてしまうと警告しています。また「『成長を抑制する』という試みについて人類はいまだかつて本気で検討したことが一度も無い」とも指摘しています。

　しかし、世界はこの報告書を受けて有効な手段を講ずることができずに、20年が過ぎました。その1992年にローマクラブは、「Beyond the Limit（限界を超えて）」[5]と題する報告書を出し、すでに限界は超えてしまったが、まだ人類には残された道があるとして、目指すべき世界像を提示しました。その主なものを以下に列挙します。

(1) 持続可能性、効率、ニーズの充足、正義、公平、共同体が重要な社会的価値となっている。

(2) すべての人が物質的に充足し、安全が確保されている。

(3) 人間を卑しめるのではなく高める仕事。働くことによって、社会のために最善を尽くし、その報いを受けることができるというインセンティブが設けられている。

(4) 目的ではなく、手段としての経済。人類社会や環境に奉仕させる経済ではなく、人類社会の幸福や環境のために奉仕する経済。

(5) 効率的で再生可能なエネルギー・システム、効率的で循環的な物質システム。

(6) 物質的なものの蓄積を必要としない生き方ができ、それをよしとする理由がある社会。

　以上の世界像は、開発目標である SDGs とは趣旨を異にするために抽

象的な表現が多くありますが、SDGs への思想の流れの源ともいえるものです。

　なお、以上2つのローマクラブ報告書の主要著者であったドネラ・H・メドウズ教授は、惜しくも2001年に亡くなりましたが、彼女の後を受けて共著者であったヨルゲン・ランダース氏が、更に20年後の2012年に「2052」[6]と題する報告書を出し、持続不可能な方向に突き進んでいる地球に対して改めて警告を発し、地球環境保全のための様々な提言を行っています。

3．持続可能な開発の主役は企業や市民団体

　現在世界ではナショナリズムが台頭し、グローバル化の流れが停滞してきています。2019年アメリカのトランプ大統領は、2015年 COP21 で採択された気候変動抑制に関する国際協定いわゆる「パリ協定」から2020年11月に離脱することを宣言しました。しかしここで筆者が注目したいのは、このような国策レベルのことではなく、これに対する米国市民の反応です。このトランプ大統領の宣言に対して、"We Are Still In"[7]というパリ協定離脱に反対する市民組織が立ち上がりました。そこには、"We Are Still In is a coalition of cities, states, tribes, businesses, universities, healthcare organizations, and faith groups." とあります。州政府を初めとし、企業、大学、宗教関係者など多様な団体からなる一大組織であり、"Together they represent coalitions covering nearly 70% of U.S.GDP and two-thirds of U.S. population" と述べられています。これだけの巨大な組織は他律的、強制的にできるものではありません。そこには、地球の温暖化をなんとしても防ぎたいという、市民それぞれの心の底からの叫びが感じ取れます。このような人々の心に内在する動機ほど強いものはなく、この情熱がボトムアップの市民行動となって表面化してこそ世の中を変える実践として期待できるのではないでしょうか。

　現在ローマクラブの共同代表を務めるサンドリン・ディクソン＝デクレーブ氏もパリ協定に関連して上で述べたような視点と同様のことを語っています。「パリ協定の策定は、非国家主体が協力して声を合わせていったプロセスでした。今や非国家主体は特定の NGO を指すものではなくなっています」[8]。

４．人間主義哲学とBrief-Drivenな消費者行動

　筆者が主張する人間主義哲学は、その思想的根拠を仏法の哲理に、もうすこし詳しく述べれば法華経の哲理に置いているものです。すなわち、生命の尊厳や慈悲などの哲理を根源として、これからの社会を支えていこうとする枠組みです。言い換えれば、仏法の英知を社会に開き、人類の共有財産にしていこうとする主張でもあります。この主張で最も肝要なことは、世界を変える行動は、他律的な規制を意味するのではなく、徹底して内発的な動機づけによる行動によるとする点です。

　上記のような内発的な動機づけの行動の一例としてフェアトレードの消費者行動を挙げることができます。フェアトレードとは、1960年代にヨーロッパで始まったとされる新しい取引の方法です。それまで不利とされてきた小規模生産者と正当な価格（国連の条件によって規定された価格）で取引し、教育、住居、医療のための手当を加算して支払おうという契約の仕組みであり、弱い立場の生産者を守るための画期的な取り組みです。店頭に並ぶ最終商品のパッケージには、その生産工程を保障するフェアトレードのラベルが貼られます。例としては、ボリビアのコーヒー、タイの米、パレスチナのオリーブ油などが挙げられます。このフェアトレードが始まると、特にヨーロッパの消費者の間では、たとえ価格は高くてもフェアトレード認証のラベルの付いた製品を買うようになったということです。このような消費行動を Belief-Driven な消費者行動と呼び、すなわち、他者からの「他律的」な規範に従っているわけではなく、自身の内なる自覚による「自律」の消費者行動であると解釈されます。

　筆者は、上記のようにビジネスは、生活環境を劇的に変化させ、次第次第に、しかし確実に人類の意識変化をもたらしていくことができる事業であると考えるものです。文献[1]で筆者の主張した「人間主義の経営」は、以上のように仏法の哲理を内発的動機づけの基礎として、ビジネスを通して持続可能な開発の地球環境を実現しようとするものです。これは、人々の幸せの追求を経営の土台に据えるという大きな経営変革を企業に迫るものでもあります。

　人々の幸せの追求を経営の土台にと主張しても、では具体的にどのようにすべきなのか、明確ではありません。しかし、2015年に国連総会で採択された SDGs では、これからの持続可能な開発の目標が、具体的に提示

されました。この SDGs は "No one will be left behind" をビジョンとし、ミッションとして "Endeavor to reach the furthest behind first" があります。2015年からすでに5年がたち、各国政府はこの国連目標に対しどのような努力をしてきたのかと、さまざまな批判も耳にしますが、筆者が主張するのは、この SDGs の目標達成の主役は決して政府だけではなく、企業であり、市民であるということです。

　人間主義経営では、企業の事業変革の内在的な動機づけとして、この SDGs を位置づけます。企業は SDGs の目的を自社の事業に取り込むことにより、持続可能な地球を実現する組織体として行動することが可能になるであろうと主張するものです。

　以下に SDGs のそれぞれの目標に対する企業行動をみていきます。

5．SDG1　貧困をなくそう (No Poverty)

　経済学者アマルティア・セン博士は、貧困について次のように語っています[9]。「貧困は単に所得の低さ等よりも、基本的な潜在能力が奪われた状態と見られなければならない」。国連や国際 NGO の貧困の解釈もこれと同様の捉え方です[10]。SDG1 でも、"End poverty in all its forms everywhere" として「あらゆる形態の貧困」と述べられています。従って貧困をなくすとは、単にモノやカネを渡すことではなく、当人が権利を主張できるようにすることと捉えなければなりません。実際この目標のターゲット1.3には、「最低限の基準を含む社会保護制度及び対策を実施」すること、またターゲット1.4には、「すべての男性および女性の経済的資源に対する同等の権利、ならびに基本的サービス、オーナーシップ、および土地その他の財産、相続財産、天然資源」などへの管理を確保すると定められています。

　以上の視点に立ったときに、優れたビジネスの取り組みの一つとしてあげられるのは、経済学者モハムド・ユヌス博士のグラミン銀行のマイクロファイナンスの事例です。博士はマイクロファイナンスの事業を創業するにあたり次のように述べています。「貧困の原因は、怠慢、能力不足ではなく、わずかな元手も手にできない状況にある。必要なのは、少額でもいいから、正当な金利で長期的な返済計画が可能な元金の貸付だ。それさえあれば、彼らは経済循環の中に入ることができる」。貧困層に対する慈善

事業ではなく、彼らの経済的な自立を目指している点が最も重要です。グラミン銀行の成功により、マイクロファイナンスの手法は、全世界に広まりました。日本の企業では、三井住友銀行がカンボジアで貧困層向けの小口融資や貯蓄の金融サービスであるマイクロファイナンスの機関を支援しています。マイクロファイナンスに対しては、「これにより成功できる人は限られている、まったく成功していない人が多数いても統計上かなりの成果を上げていると判断されている」[11]との批判もありますが、事実として成功できている人がいることが大切であると筆者は考えます。

　日本では、近年シングルマザーや子供の貧困が注目されています。家族と関係を断ってしまっている人、大都市でコミュニティのつながりもない人など、困ったときに頼れる存在が極端に少ない人が困窮しやすいと言われています。この視点では、「人のつながり＝ Social　Capital（社会資本）」の重要性にも光が当たってくると考えられます。人の繋がりに関しては、SDG17 の項でも論及しますが、地域社会などのコミュニティの強化を支援することも、貧困対策と呼べるのではないかと思われます。例えばグラミン銀行の場合では、顧客は5人のグループを作り、各自が残り4人の返済に責任を負うというシステムをとっています。この場合、事業に失敗した場合も5人は（支払い義務はありませんが）、みんなで助け合うことになっていて、この点でもマイクロファイナンスは社会資本の形成をも考慮した優れた取り組みであるといえます。

6．SDG2　飢餓をゼロに（Zero Hunger）

　飢餓の問題は、世界的に見ると非常に矛盾した問題です。世界の食糧生産量自体は、実は世界人口の総需要を大きく上回っているにもかかわらず、現実には数十億人が飢餓状態にあります[10]。しかも、その飢餓人口の半分が途上国農村部の農民で、食糧生産者であるという矛盾です。これはまさに経済構造上の問題です。多くの途上国の農業が先進国市場向け嗜好作物の生産を優先しており、それが安く買いたたかれる構造になっているためといわれています。ユニリーバの元 CEO であり SDGs の策定にもかかわったポール・ポールマンはつぎのように述べています。「満足に食事も取れない人がまだ10億人もいます。6秒に一人の割合で子どもが餓死しています」と[12]。

57

前述したフェアトレードはこの矛盾を解決するための一つの方法であろうと考えられます。そこでは、原産者と正当な価格での取引をしているか否かが主たる問題です。これからの企業経営では、どんな工程であっても、それがどんな辺鄙なところであっても、サプライチェーンの全過程において企業は責任を問われます。実は、フェアトレードに対しては、CSV の提唱者であるマイケル・ポーターが次のように批判しています。「フェアトレードの目的は、同じ作物に高い価格を支払うことで、貧しい農民の手取りを増やすことである。気高い動機ではあるが、創造された価値全体を拡大するためのものではなく、主に再分配するためのものである」[3]。これは、CSV においては新たな市場の創造を目指すことが戦略の柱であることから、マイケル・ポーターがフェアトレードを批判したものと思われますが、筆者は、再分配であるにしても、フェアトレードは貧しい農民への正当な取引として高く評価できるものと考えます。

7．SDG3　すべての人に健康と福祉を (Good Health and Well Being)

　この目標に対する日本企業の貢献は大きなものがあります。その一つとして挙げられるのが味の素㈱のガーナプロジェクトと呼ばれる事例です（事業は2017年4月より公益財団法人味の素ファンデーションに移管されています）[13]。味の素は、ガーナにおける栄養改善を目指し、INF (International Nutrition Foundation)、ガーナ大学のとの共同で、ガーナプロジェクトを2009年に立ち上げました。ガーナでは、これまで伝統的な離乳食として発酵コーンを用いた KOKO と呼ばれるお粥が普及していました。しかし、KOKO はたんぱく質や微量栄養素（ビタミン、ミネラル）が不足しているため、離乳期の子どもの成長を遅延させ、農村部では2割が低体重、4割が低身長など、子どもの成長の遅れが顕著になっていたようです。そこで味の素は、家庭での KOKO の調理時に添加する栄養サプリメントの開発を決め、これを KOKO Plus と名づけました。KOKO Plus の開発において、味の素はビタミンの世界的トップメーカー DSM (オランダのライフ・サイエンス企業) 社と協働もしました。「味の素」と異なり、このようなサプリメントは効果が現れるまでに時間がかかります。そのため、商品の機能性だけでなく、栄養学的な啓発活動が必要とされました。味の素は、現地の社会セクター GHS (Ghana Health Service:ガーナ保健省

に属する）を選び、栄養教育などで協働して啓発活動も開始をいたしました。味の素はイェデン（Yedent Agro Processing Venture Ltd.）社を生産のパートナーとして選定し、2012年8月から1袋（15グラム）約12円で KOKO Plus を販売しています。このプロジェクトは、2011年4月には、その社会性が評価され、ガーナ政府公認の活動として承認されています。また、2018年3月には、国連世界食糧計画（WFP）が取り扱うことのできる栄養食品として認められ、国連と連携した活動計画もあるようです。

　もう一つ日本の企業で大きな注目を集めている活動に住友化学のオリセットネット事業があります[14]。マラリアは日本ではなじみの薄い病気ですが、世界では例えば2016年だけでも年間約2億人がこの病気を発症し、約44万人が死に至ったということです。住友化学は、マラリアを媒介する蚊を寄せつけない薬剤をポリエチレン樹脂に練りこみ、その樹脂により人々をマラリアの脅威から守る蚊帳オリセットネットを開発いたしました。2001年には世界保健機関（WHO）から世界で初めて長期残効型蚊帳としての効果が認められ、使用が推奨されています。この蚊帳に関しては、2005年、世界経済フォーラム（ダボス会議）で女優のシャロン・ストーンさんが呼びかけ、会議に出席していたビル・ゲイツ氏他30名から総額100万ドルの寄付が集まり、その寄付金でコンテナ12個分の蚊帳をタンザニアに贈ったというエピソードがあります。この蚊帳のおかげで、2000〜2010年までで　累計74万人の子供の命が助かったという報告もあります。住友化学はタンザニアでの生産パートナーとして現地の AtoZ 社を選び、現在、生産能力は年間約3,000万張りとなっており、AtoZ 社の工場従業員は、当初600人のところが7,000人にまで増え、地元に未曾有の雇用機会創出もできているということです。

8．SDG4　質の高い教育をみんなに（Quality Education）

　前項で述べた住友化学のオリセットネット事業では、収益を役立てたいとの思いからタンザニア、ケニア、ガーナなどを含む12カ国で、小中学校の校舎・給食設備の建設・教材・先生の宿舎など、20のプロジェクト（2017年3月現在）を（一部は他社合同で）支援しています。

　教育問題では、日本に目を転ずると、無国籍児童の就学ができない問題、日本語を話せない日系人家庭の子供の教育問題、貧困世帯にとっての給食

費や制服などの間接費用の負担軽減をどうするかなど様々な課題が指摘されているところです[10]。日本に存在する教育の社会課題に挑戦している企業の一つとして挙げられるのが、㈱ LITALICO です。この企業は、障害者支援をビジネスとしている唯一の一部上場企業です。この会社は、自閉症、ダウン症、LD, ADHD、広汎性発育障害等の様々な障害を持つ子供のためのソーシャルスキルと学科を学ぶ教室「LITALICO ジュニア」を展開しており、発達障害児支援の専門家や医師の監修のもと、1万点以上の教材を開発しています。

9．SDG5 ジェンダー平等を実現しよう（Gender Equality）

　この目標は、特に先進国の中でも日本の対策が大きく遅れていると指摘されている目標です。また、日本では、セックス（生物学的性差）とジェンダー（社会通念や慣習等により作られた後天的な男性像、女性像の性差）が混同されているとも指摘されています[10]。

　筆者は、女性起業家の活躍を調査した報告[15]において、日本の女性起業家は社会的に優れた能力を発揮しているが、彼女らの起業家への動機づけの中に少なからず、日本社会のジェンダー不平等への反発があることを示しました。調査対象となった起業家は55例であり、その結果から抽出した起業動機の主なものは次の3点です。

　（1）自身の能力を社会の中でアピールしたいという意欲

　（2）経済的にも夫に依存したくない、自立したいという思い

　（3）会社勤めの経験から性差別のある不合理な社会を変革したいという意志＝ジェンダー不平等の体験から

　ここで、特筆すべきは、これら女性起業家は、「家族の問題解決」や「身内の事業継続」などの外的要因よりも、内的・自律的な要因により起業している人が多いという事実です。筆者はこのような女性起業家の起業動機を「専業主婦拒否意欲」と名づけました。

　さて、日本では、近年のビジネスの流れから、シェアリング・エコノミーと呼ばれるビジネスが発展してきています。その中で家事代行サービスのビジネスも大きな位置を占めてきています。日本においては、従来専業主婦の仕事とみなされてきた育児・介護や家事などのケア労働が、シャドーワークと呼ばれるほどその経済価値が認識されていないとの指摘がなさ

れてきましたが、上述したようなビジネスの変化により洗濯や掃除、子育てなどの CtoC（もしくは BtoC）ビジネスにおいて報酬が発生し、それらの経済価値が数値化されるようになってきています[10]。このような変化は、日本のジェンダー不平等を改善する一助になるものと期待されます。

10. SDG6 安全な水とトイレを世界中に (Clean Water and Sanitation)

　水資源の問題は日本人には、その深刻さに理解が浅いようですが、世界的に見れば大変大きな問題です。アメリカ地質調査所（USGS）による基本データでは、この地球上で人が湖や川を通してアクセスできる水の量は、半径56.3キロの球体分でしかない[2]とのことであり、今日の世界経済を支えている生産地の20%が深刻な水不足に陥っています。途上国では安全な飲料水を得るため、毎日長時間を水くみに費やす人も多く、主に子供の「時間貧困」の主因ともなっているとのことであり、水資源の副次的な問題として見逃すことのできない大きな課題です。

　ヤマハ発動機は、河川や池の水を「安心・安全な水」に変えるシンプルで安価なクリーンウォーターシステムを開発し、2010年にインドネシアでの販売を皮切りに、アジア、アフリカ諸国13ヵ国に36基のシステムを設置しています[16]。このシステムの設置により、現地の人々の衛生概念向上への寄与し、下痢・発熱などの低下にも効果を発揮しているとのことです。

　トイレに関しても世界的には深刻な問題です。安全で衛生的なトイレを利用できない人口は世界人口の1／4となる約20億人と言われ、下痢性疾患で命を落とす5歳未満の子供の数は、一日約800人とされています[17]。例えばインドでは野外排泄が慣習化していて女性や子ども達が性暴力などの危険な目に合うことも日常茶飯事であったそうです[10]。LIXIL グループはインドでプラスチック製の簡易式トイレを開発し、屋外排泄を減らすと共に、水質汚濁の防止に貢献しています。現在では、「みんなにトイレをプロジェクト」と名付け、ミャンマー、タンザニア、ブータン、ルワンダ、バングラデシュなどの国々にも広げ、2017、2018年では総計41万台のトイレの寄贈を行っています[17]。

11. SDG7 エネルギーをみんなにそしてクリーンに (Affordable and Clean Energy)

クリーンなエネルギーで想起されるのは、一昨年（2019年）末にスペインで開かれた COP25 で日本が痛烈に批判されたことです。日本だけが主要7カ国（G7）で石炭火力発電所の新設を続け（新設計画17基）、海外への石炭火力発電プラントの輸出にも乗り出しています。日本は石炭火力発電所の利用継続を基本方針としているのです。例えば横浜の磯子にある火力発電所は、2002、2009年に建設された大都会にある（といっても海岸沿いですが）石炭火力発電所です。世界最高水準の発電効率をもち、優れた大気汚染防止装置を備えている最新鋭の発電所です。しかし、このような理屈は、COP25 では通用しませんでした。今や世界の世論は「低」炭素を容認することはなく、「脱」炭素のクリーンエネルギーでなければならないとのステップに突入しています。

脱炭素エネルギーに関しては RE100 と称する特筆すべき取り組みがあります[10、18]。RE100 とは "Renewable Energy 100%" の略称で、事業活動で消費するエネルギーを100%再生可能エネルギーで調達することを目標とする国際的イニシアチブの名称です。この "RE100" は、事業活動で消費するエネルギーを100%再生可能エネルギーで調達するという、これからの社会に必要かつチャレンジングな目標です。日本の会社ではソニー㈱の欧州の事業所で、すでに使用電力を100%再生エネルギー化し、また北米や中国での再生エネルギー導入を拡大しています。タイや日本の製造事業所では、太陽光パネル設置を推進しています。また、イオン㈱は、国内外で約300モール、総合スーパー約630店舗を展開する日本を代表する大手小売企業ですが、この RE100 に加盟し、2050年までに店舗での CO_2 排出量をゼロにすることを宣言しています。2019年10月現在、世界での加盟企業は、グーグル、アップル、ネスレ、BMW など204社であり、日本では上述2社の他にリコー、積水ハウス、アスクル、富士通など25社が加盟しています。

12. SDG8 働きがいも経済成長も (Decent Work and Economic Growth)

ディーセントワーク（Decent work）とは、「人間らしい生活を継続的に営める人間らしい労働条件の下での仕事」を意味します。Decent Work に「働きがい」と訳をあてていますが、意味合いはずいぶん異なります。2009年に国際労働機関（ILO）総会において21世紀の ILO の目標として提

案され支持された概念です。具体的には「権利が保障され、十分な収入を生み出し、適切な社会的保護が与えられる生産的な仕事」のことです。前述した項目2のローマクラブの提起した世界像の(3)に相通ずる概念です。SDG5 とも密接に関連し、男女の平等及び非差別は、SDG5、8 の目標において横断的な課題とされています。

　2013年4月23日、バングラデシュの首都ダッカにあるアパレル工場が崩壊し、1100人もの従業員が犠牲になりました[2]。　そのわずか半年後、そこから程近いタズリーン・ファッションズ社の工場で起きた大規模な火災が100人以上の死者をだし、この一連の事故のニュースは、事故と共に非人道的な仕事環境であったことも同時に報道され、世界中を駆け巡りました。ダッカの縫製工場は世界的に有名なブランドの服を縫製していたことから、それらの有名なブランドの名は瞬く間に世界中の人々に知れ渡りました。ウォルマートは、タズリーンが彼らのサプライヤーの孫請けであったということを事故が起こった後で知り、すべてのパートナーに対してその請負元の情報を開示するよう要請しました。ウォルトディズニー・カンパニーは、タズリーンでの事故を受けて、バングラデシュでのアパレル生産を停止しました。SDG2 の項でも述べましたが、これからの企業経営では、どんな工程であっても、それがどんな辺鄙なところであっても、サプライチェーンの全過程において企業は責任を問われます。それは、下請け、孫請けを問わず、ディーセントワークの環境整備に企業は責任を有するということです。

　経済成長とディーセントワークの両面での、企業努力の例として挙げられるのは、スターバックス（Starbucks）の取り組みで、カナダに100万人いると言われるニート向けに、就労促進プログラムとして、履歴書無しで、個人の性格や文化に基づいて採用を行う取り組みを進めています[10]。また、Coca-Cola がアフリカ諸国で取り組んでいるマイクロ・ディストリビューション・センター（MDCs）プログラムやブラジルで取り組んでいる小売業やリサイクルに関するトレーニング提供プログラムである「Coletivo Coca-Cola」は女性に対する雇用の提供を行っています。

13. SDG9　産業と技術革新の基盤をつくろう(Industry, Innovation and Infrastructure)

日本の企業が産業基盤を作った事例があります。ヤマハ発動機はサハラ砂漠以南のアフリカ(モーリタニアなど)において、まだ手漕ぎの丸太舟しかなかった1960年代以降40年以上にわたり、さまざまな非営利組織と関係性を築きながら漁業振興に努め、同地域に漁業という産業をゼロから立ち上げることに成功しました[19]。当時のモーリタニアでは、自分達のために魚を捕ることは行われていても、それをビジネスにするような考えは皆無だったようです。ヤマハは、漁業振興に必要な教育や啓蒙に関しては日本政府の ODA を活用して、現地政府・現地 NPO と協力し、また船外機をメインテナンスする現地個人事業主の能力開発も進めました。購入時のファイナンス・スキーム(ファイナンスの枠組み計画)においても現地公的セクターとの協力を行いました。このようにして、漁業という産業だけではなく、モノ、カネ、ヒトの流通に関する周辺枠組みも完備させ、その結果、その国の人々の生活水準の改善に大きく寄与することになりました。この取り組みは、その地の人や組織を積極的に協働者としてバリューチェーンに組み込み、多元的な存在、例えば、サプライヤー、マネージャー、投資家、配送者等々、として捉えた結果の成果といえるのではないでしょうか。

14. SDG 10 人や国の不平等をなくそう (Reduced Inequalities)

　世界にある不平等を訴え、2001年ころからネット上で注目されたものに「もしも世界が100人の村だったら」という文献があります[20]。これは前述したローマクラブの「成長の限界」を著したドネラ・メドウズ教授のエッセイ "State of the Village Report" が元になっているといわれています。そこには、世界の富に関して

Of the wealth in this village,6 people own 59%,- all of them from the United States -74 people own 39%, and 20 people share the remaining 2%.

と述べられ、富の偏在を指摘しています。約20年を経た現在では富の偏在はさらに極端になり、村のすべての富のうち82%をたった一人が独占しているという状態になってしまっています。

　富の偏在に関連して矢野和男氏は、「データの見えざる手」の中で、次のような指摘を行っています[21]。「社会現象に関わる様々な量であってもこの同じ形の分布 (U 分布、筆者注) になることが分かってきた」。「こ

の右肩下がりの U 分布では少数のマス目に玉が集まっている。上位3割のセルに全体の7割の玉が入っている」。「『平等なチャンス』が与えられても、『不平等な結果』が必然的に生まれるわけだ。いわば、『繰り返しの力』がこの『貧富の差』をもたらしている」。この科学的な知見に従うならば、私たちは不平等を解消するために、強力な意志を以て方策を建て、繰り返しにより自然にできる不平等への流れを止め人工的に平等を維持しなければなりません。

　ひとつの特筆すべき事例としては、シアトルの決済代行会社 Gravity Payments の CEO が自身の給与を110万ドルから7万ドルに引き下げ、一方、従業員の最低年収を3年間で段階的に7万ドルに引き上げることを発表したとのことです[10]。この例は極端に聞こえますが、平等を実現するためには、たくさんのエネルギーを必要とすることの一例と捉えられます。

15. SDG 12 つくる責任つかう責任 (Responsible Consumption and Production)

　つくる責任に関しては、アパレルの雄パタゴニアの "responsible company" としての取り組みが目立ちます。パタゴニアは、他社ならば却下されそうなことも行ってきたとして、次のように述べています。「会社がごく小規模だったころに託児所を開設する、工業的に栽培されたコットンからオーガニックコットンへわずか18ヵ月で全量を切り替える、リサイクル材料からつくったフリースやカタログ用紙を他社に先駆けて使うなど」[22]。パタゴニアが立ち上げたフットプリント・クロニクルは、つくる責任の典型的な事例と考えられます。これについては、次のような説明がなされています。「リリースした最初のシーズンには、5種類のパタゴニア製品について、そのデザインから繊維（原産地まで）、製織・正編、染色、縫製、リノ倉庫への輸送にいたるまで、地理的に追跡。同時に、この5種類について、二酸化炭素排出量、エネルギー消費量、廃棄物量、原産地から倉庫までの輸送距離なども算出した」。すなわち、パタゴニアのサプライチェーンを透明にして、どの製品にトータルでどれくらいのエネルギー、水、廃棄物などの負荷がかかっているかを消費者に知らせることを目的としたものです。

　つかう責任に関して述べれば、次のようにいうことができます。「我々

は皆、市民であり、この世界でなにを増やし、なにを減らしたいのか、声をあげなければならない。また、我々は、皆消費者であり、何を買うのかを選ぶことができる。多くの消費者が行動で示せば、企業の行動や最終的には政府の行動さえも変えることができる」と[22]。前述したようにフェアトレードの場合には、特に欧州において Brief-Driven な消費者行動が顕在化しました。日本においても、このような消費者行動の変化は期待できるところです。

16. SDG 13 気候変動に具体的な対策を (Climate Action)

気候変動の問題点については、次のように表現されています[10]。「発生源が一部の大排出国に限られるのに対し、その被害は全世界に及び、また最大の被害者は温室効果ガスの排出にほとんど加担していない人々であるという、その非対称性に（特徴が）ある」。「先進国と一部新興国の富裕層は、国内で影響が深刻化したとしても、その富によって被害の低減を図ることができる。このため　気候変動は、究極の不平等問題とも言える」。

一昨年（2019年）末に行われた COP25 では、次のような衝撃的な予測が報道されました。「各国はパリ協定の発効を前提に、『国別目標草案』を策定し、国連に提出済みだが、それらがすべて実現できても、気温上昇は今世紀末に3℃以上になるとの試算を発表」。これまで地球上の人類は、産業革命以前の水準に比べて気温が2℃上昇すると破局を迎えると予測されてきましたので、この3℃という数値は驚愕に値します。

経済の面からみても、世界のほぼ三分の一の経済生産が、これからの12年に気候変動の影響から受けるリスクが高いか非常に高い国で生み出されることになっています[2]。これは、2025年までに、世界で44兆ドルもの規模の経済が、リスクにさらされることを意味します。安定した気候、きれいな空気や水、健全な生物多様性、豊かな資源といった地球が持っていたさまざまなインフラはどんどん脆弱になってきて、それがビジネスに現実的なコストとしてのしかかってきています。

気象庁の統計によると、大気中の二酸化炭素濃度は、2018年時点で407.8ppmで工業化以前の数値278ppmと比べて47％増加しています[23]。私たちは、二酸化炭素濃度については、氷河の氷などから、かなり正確に把握しているとのことですが、過去80万年で最高レベルだそうです。

気候変動は人々の生活を支える農業、漁業、林業等に深刻な影響を及ぼし、世界全体の経済的損失額は年間2000億ドルにも達しているといわれています。これまで多くの国が気候変動を単に環境問題の一つと捉え、経済成長と比べて低い優先順位においてきましたが、ここ数年の間に認識が大きく変わり、「安全保障上の脅威」として対応を図ることが必要と考える国々が増加しています。国の存続に直接的にかかわる問題ですが、軍事的な安全保障の問題ではなく、こうした面での安全保障を高めることは、軍事力を強化する場合に生じる「安全保障のジレンマ」を招く恐れがありません。近年の国際社会をみてわかるように、もしも、大災害や異常気象が起こり、その国の国民の多くが悲惨な状況に見舞われているとの報道がされると、国と国との垣根を越えた国民の連帯の輪が広がります。この精神は、持続可能な開発の地球を考えるうえでも非常に大切な精神です。この精神をさらにステップアップしていけば、平時においても、災害時のような相互扶助の精神を保つことができます。近隣国同士が息の長い協力関係を積み上げていく中で、「助け合いと支え合いの精神」を地域の共通文化として育むことが、持続可能な地球のために必要なことではないでしょうか。

17.　SDG 15　陸の豊かさも守ろう（Life on Land）

　陸の豊かさの課題の一つとして資源問題があります。今世界は、新興国の爆発的な成長とともに、資源の枯渇が地球規模の課題として迫ってきています[2]。特に、食糧、エネルギー、水という三つの資源が、相互に絡み合って猛スピードで消費されているという状況があります。例えば中国は、世界の25％の大豆、40％以上の鉄鋼やアルミ、そしてセメントの半分以上を消費しています。そして、インド、ブラジル、アフリカ、その他の地域に住む何億もの人々が、あと一世代もしないうちに世界の中間層に名乗り上げるべく、順番を待っています。私たちは、原料の使用を減らさざるを得ない時代に入ってきています。

　国連が出した基本予測によると「人口の増加と社会の発展により、2030年までに、世界の水の需要は30％、エネルギー需要は40％、そして食糧需要は50％跳ね上がるだろう」ということです。また、グローバル・フットプリント・ネットワーク（GFN）によれば、我々の今の消費レベルを支え

るには、地球が1.5個必要だということです[2]。経済活動をスリム化し、資源を消費しない企業活動へシフトしない限り、地球の未来はありません。前述したローマクラブの報告書「限界を超えて」にある世界像「物質的なものの蓄積を必要としない生き方ができ、それをよしとする理由がある社会」を創り出すように、物質にたよらない「あたらしい富の形」をつくることが必要です。

18. SDG 16 平和と公正をすべての人に(Peace, Justice and Strong Institutions)

　文献[1]でも述べましたが、「平和」の意味するところについて、もう一度ここで明らかにしておきたいと思います。一般に「平和」の反対語が「戦争」であると考えられていますが、本稿で主張する「人間主義哲学」においては、その解釈は誤りであり、あらゆる「暴力」とすべきであるとしています。すなわち、戦争を含む貧困、飢餓、環境破壊、人権抑圧などの暴力など、「平和」というものは、そうした様々な層の暴力と戦い、根絶していく中に実現される状態のことを言い表しているとの主張です。このように考えれば、様々な暴力の根絶はイコール SDGs の目標達成であり、その過程を経て「平和」が実現されると考えられます。

　また、公正とは、すべての人が意見表明の権利と機会を持ち、その意見が等しく平等に扱われ、かつ平和的に議論や意思決定ができる社会的意識のことです。したがって、公正な社会を築くことは、平和な世界への欠くべからざる基盤であるとの認識が必要です。

19. SDG 17 パートナーシップで目標を達成しよう (Partnerships)

　最後の SDG17 は、到達目標そのものではなく目標を達成するための手段を述べたものと解釈されます。この SDGs で扱われた個々の目標は、一企業では、まず実現することが困難な大きなテーマです。例えば、SDG3 の項で述べたように、味の素の KOKO Plus では、INF、ガーナ大学、DNS、イェデンなどと連携しました。また、住友化学のオリセットネットでは、ユニセフ、アキュメン財団、Exxon Mobile、AtoZ 社などと連携しています。このように、企業にとっては、大きなスケールで事業を展開しようとする場合に、政府、NGO や NPO、国際機関、そして時に

は競合他社などとの連携が重要となってきます。例えば、コカ・コーラとペプシコは長年ライバル関係にありましたが近年、新規冷却技術の開発で協働すると発表して、世間を驚かせました。SDGs の目標達成にかかわらず、このように近年のビジネス環境では、パートナーシップでの事業継続が不可欠になってきています。

ドネラ・メドウズ博士は、著書「世界はシステムで動く」[24]で次のように指摘しています。「たとえば、飢餓、貧困、環境劣化、経済の不安定性、失業、慢性疾患、薬物中毒、戦争などは、それらを根絶するために傾注されてきた分析力とすばらしい技術にもかかわらず、なくなりません」。「その理由は、こういった問題は本質的にシステムの問題だからです」。システムの問題とは、一つの問題は一つの要因を解決すればなくなるわけではないということです。多くの要因が重なり合い、しかもそれぞれが関係しあい、システム工学の言葉でいうならば、ネガティブ・フィードバックあり、ポジティブ・フィードバックありで様々に影響しあっているということです。したがって、世界を解析する場合には、システムとして全体をみなければならないとの指摘です。

また、社会を個々の人間の繋がりが形成するネットワークとして分析したことにより、繋がりと私たちの幸福に関して、次のような興味深い事実が浮かび上がってきました[25]。「社会的影響は知っている人のところで止まるわけではないのだ。私たちが友人に影響を与え、その友人が自分の友人に影響を与えるとすれば、私たちの行為は一度も会ったことのない人に影響する可能性がある」。「友人の友人の友人の体重が増えると、自分の体重も増える。友人の友人の友人がタバコを止めると、自分もタバコを止める。友人の友人の友人が幸福になると、自分も幸福になる」というものです。

この SDGs においてもそれぞれの課題間の深い関係性、繋がりを重視するところが新しい視点として前面に押し出されましたが筆者は、このような繋がりがこれからの持続可能な開発の社会基盤を作るときに最も重要な観点であり、多様なパートナーと繋がることで自らの力も拡大し、困難な目標に向かっても大いなる成果が期待できるものと考えます。

結　論

　本稿は、SDGs の目標達成の要となるのは、社会課題の解決を自己の事業の中核に据えた企業であることを主張するものです。SDG3 の項でも述べたように、例えば味の素は、INF、ガーナ大学、DNS、イェデンなどと連携しました。また、住友化学は、ユニセフ、アキュメン財団、Exxon Mobile、AtoZ 社などと連携しました。このように課題解決に強い意志を持った企業を中心にして、国際機関、政府、競合他社、そして NGO や NPO などの市民団体との連携が生み出されています。

　世界課題を解決するために今、我々が急激に気づきつつあるのは、持続可能な開発目標で強調されている「地球は有限」ということだけでなく、この世界のあらゆる事象は複雑に絡み合っているということです。この絡み合いは、仏法では「縁」とよばれ、東日本大震災のときには「絆」として大きくクローズアップされました。

　仏法哲理から言えば、全ての事象はつながっています。この世に単独で存在しているものなど、何一つとしてないのであり、それ故にいかなる生物も自分一個で生存を全うすることはできないという事実です。この視点に立てば、私たち自身の幸福や繁栄は、社会全体を良くしなければ確保できません。同時に、どのような社会、企業、国家であっても、個人を犠牲にした繁栄は真の繁栄ではなく、「他人だけの不幸」がありえないように、「自分だけの幸福」もありえません。

　これからは地球上の生命の運命が一つになった時代として、「われ」よりも「われわれ」を基調とし、自分中心ではなく、共に生き、支え合い、共に繁栄していく共生の生き方を時代精神としなければならないのではないでしょうか。

（創価大学　名誉教授）

〔参考文献〕
1．山中馨「自他ともの幸せを目指す人間主義の経営」、『GNH 研究』5、25〜32頁、日本 GNH 学会、2020年
2．アンドリュー・S・ウィンストン著、藤美保代訳『ビッグ・ピボット』、英治出版、2016年
3．マイケル・E・ポーター、マーク・R・クラマー「共通価値の戦略 Creating

Shared Value」、『DIAMOND ハーバード・ビジネス・レビュー』、ダイヤモンド社、2011年

4. ドネラ・H・メドウズ、デニス・L・メドウズ、ヨルゲン・ランダース『成長の限界』、ダイヤモンド社、1972年

5. ドネラ・H・メドウズ、デニス・L・メドウズ、ヨルゲン・ランダース著、松橋隆治、茅陽二、村井昌子訳『限界を超えて』、ダイヤモンド社、1992年

6. ヨルゲン・ランダース著、野中香方子訳『2052』、日経BP社、2013年

7. We Are Still In, https://www.wearestillin.com/、2019年11月参照

8. 識者に聞く気候変動への対応と対策
https://plaza.rakuten.co.jp/anboclub/diary/201912140002/、2019年12月参照

9. 池田大作「人道的競争へ　新たなる潮流」―第34回「SGIの日」記念提言―、2009年

10. Monitor Deloitte『SDGsが問いかける経営の未来』、日本経済新聞社、2018年

11. 柳原透「貧困削減の政策とは― SDGsの達成に向けて―」、『世界平和研究』224、2020年

12. ポール・ポールマン「未来をつくるリーダーシップ」、『DIAMOND ハーバード・ビジネス・レビュー』、ダイヤモンド社、2012年

13. 公益財団法人味の素ファンデーション、KOKO Plus Ghana Nutrition Improvement Project（GNIP）
http://www.theajinomotofoundation.org/kokoplus/、2020年3月参照

14. 住友化学、「オリセット　ネットを通じた支援」
https://www.sumitomo-chem.co.jp/sustainability/society/region/olysetnet/、2020年3月参照

15. 山中馨「女性起業家の活躍と人間主義思想」、『創価経営論集』第38巻第1号、2014年

16. YAMAHA、「きれいな水のある暮らしを世界に」
https://global.yamaha-motor.com/jp/ir/annual/annual2013/sp3.html、2020年3月参照

17. LIXIL、「みんなにトイレをプロジェクト」
https://www.lixil.co.jp/minnanitoirewopj/report.htm、2020年3月参照

18. RE100電力、「RE100について」
https://www.re100-denryoku.jp/about、2020年3月参照

19. YAMAHA、「メイド・イン・モーリタニア、国境を越えた師弟関係」
https://global.yamaha-motor.com/jp/showroom/movingyou/007/、2020年3月参

照

20. 「世界がもし100人の村だったら」
http://www.apa-apa.net/kok/news/kok214-2.htm、2020年3月参照

21. 矢野和男『データの見えざる手』、草思社、2014年

22. イヴォン・シュイナード、ヴィンセント・スタンリー著、井口耕二訳『レスポンシブル・カンパニー』、ダイヤモンド社、2012年

23. 気象庁、「二酸化炭素濃度の経年変化」
https://ds.data.jma.go.jp/ghg/kanshi/ghgp/co2_trend.html、2020年3月参照

24. ドネラ・H・メドウズ著、枝廣淳子訳『世界はシステムで動く』、英治出版、2015年

25. ニコラス・A・クリスタキス、ジェイムス・H・ファウラー著、鬼澤忍訳『つながり　社会的ネットワークの驚くべき力』、講談社、2010年

海士ブータンプロジェクト活動報告
（2019〜2020年度）

平山 雄大

　前回の2017〜2018年度の活動報告では、島根県隠岐郡海士町（あま）とブータンとの相互交流について、海士ブータンプロジェクト（通称あまたん）の概要と海士での就労体験をはじめとした諸活動について、さらに2回に渡って行ったブータンでの地域調査及びブータンを舞台に2019年2月に実施した同プロジェクト主催「第1回地域密着・体験交流型スタディツアー」について記した。本報告ではその後の活動について振り返る。

1．国内での活動

　海士ブータンプロジェクトは、早稲田大学平山郁夫記念ボランティアセンター（以下 WAVOC）において2017年4月より開始された「早稲田ボランティアプロジェクト」のひとつである。活動1年目に定めたビジョン「海士の挑戦事例をもとに、ブータンの地域活性化に主体的なプレーヤーとして携わり、日本とブータンの未来を切り拓く」及びミッション「学ぶ、感じる、活かす」を柱に、学生メンバーが主体となって活動している。その活動が評価され、2019年3月には初代代表が稲魂賞[1]を受賞した。

　活動3年目となる2019年度は、WAVOC 主催「春のボラカフェ」での新歓活動を経て週1回のミーティングを行いながら、「ボランティア論」公開講座での発表（4月）、「ボランティアウィーク」内企画でのブース設置・運営（6月）、写真展の実施（6〜7月）等を通して、学内で積極的に情報発信を展開した。さらに、12月には海士ブータンプロジェクトの取り組みと2代目代表が参加した座談会の内容が収録された『ボランティアで学生は変わるのか―「体験の言語化」からの挑戦―』（WAVOC 編／兵藤智佳、

「春のボラカフェ」での新歓活動

「ボランティア論」公開講座での発表

「ボランティアウィーク」での活動

早稲田大学27号館のショーウィンドウ
で行った写真展

二文字屋脩、平山雄大、岩井雪乃監修）がナカニシヤ出版より出され、出版記念シンポジウムにメンバーが登壇し発表を行った。

　各種 SNS を活用した情報発信にも力を入れ、特に公式 Facebook ページにて連載した海士とブータンの豆知識を紹介する「あまたん便り」は、2019年度中に目標としていた50回の掲載を達成した。全50回の内訳は、主に海士に関するものが25回、主にブータンに関するものが25回で、内容は料理、嗜好品、祭り、宿、遊び、行きかた、各地区・地域のお薦めスポット紹介等多岐に渡った。

　また、外部から依頼を受けて実施した活動も大きく2つあった。1つ目は東京ビックサイトが主催した東日本大震災復興支援イベント「STAND UP SUMMIT 2019」復興セッションでの早稲田大学ブースの運営（8月、於：東京ビックサイト）で、東北3県（岩手県、宮城県、福島県）及び東京の中学生・高校生30名を対象に、海士町×ブータンの取り組みを参考に東北

「STAND UP SUMMIT 2019」
復興セッションプログラム

「人形町×ブータン ブータン交流デー」
での報告

の未来を考えるというワークショップを企画・実施した。2つ目は東京青
年会議所主催のイベント「人形町×ブータン ブータン交流デー」への協
力（11月、於：日本橋 Connect）で、ブータンで地域調査を行った際の気づ
きをイベント内で報告すると同時に、ブータン料理提供の補助を行った。
特に前者は海士ブータンプロジェクトにとっては挑戦的な取り組みだった
が、試行錯誤を繰り返しながら準備を重ね無事に遂行することができた。

　1年目、2年目に引き続き、夏（8〜9月）には有志のメンバーが海士にお
いて2週間の就労体験（海士町観光協会、リネン工場等にて）をさせていただ
き、地域活性化を巡る課題や施策を学んだ。

　海士町に位置する島根県立隠岐島前高等学校（以下島前高校）は、2016
年度より探究プログラム「グローバル探究（ブータン）」を展開している。
2019年度のブータンへの渡航（2019年7月25日〜8月4日）は、通常の探究
プログラムに加えてチュカ・セントラルスクール（Chukha Central School）
での合宿型 PBL（Project Based Learning、課題解決型学習）ワークショッ
プ＊2への参加もあったため例年に比べてボリュームのある現地活動とな
ったが、海士ブータンプロジェクトは初の試みとして、渡航する島前高校
の生徒たちの相談に乗るオンラインセッションを実施した。また6月、9月、
12月には日本ブータン研究所と共催している「ブータン勉強会」を海士で
開催し、生徒たちの事前学習及び事後学習のサポートを行った。

　4年目となる2020年度は、新型コロナウイルスの影響で対面形式の活動
ができず、（本報告を執筆した2020年9月時点では）オンラインでの活動が続
いている。海士にもブータンにも訪問ができない中で自分たちにできるこ

海士での就労体験　　　　　　　島前高校の生徒とのオンラインセッション

とを模索し、島前高校の生徒と協働した食のPR活動等、新たな取り組み
が動き出している。

２．地域密着・体験交流型スタディツアーの実施

　2019年9月からは、ブータンの「良さ」を体感すると同時に都市と農村
の違いを知り、同国で起きている地方問題を理解することを目的とした
「第2回地域密着・体験交流型スタディツアー」開催に向けた準備を進め
た。費用の面から期間は1週間（2020年2月5日〜13日）、利便性の面から訪
問地は西部とし、メンバー内での話し合いをもとに農家ホームステイを基
軸にしたスケジュールを作り上げ、10月に参加者募集を開始した。
　集まった5名の学生の中には、2017年度国内実習科目「海士の挑戦事例
から学ぶ地域創生」履修生と2019年度海外実習科目「ブータンから学ぶ国
家開発と異文化理解」履修生がおり、すでに海士やブータン滞在経験を有
するこの2名の先輩と経験のない1年生3名というコラボレーションが、準
備段階からうまく機能したように思う。
　全4回の参加者ミーティングでスケジュールの詳細を詰めると同時に各
種手続きを進め、12月にはさくらサイエンスプラン（日本・アジア青少年サ
イエンス交流事業）で早稲田大学を訪問した王立ブータン大学シェラブツ
ェ・カレッジ（Sherubtse College）及びジグメ・ナムゲル工科カレッジ
（Jigme Namgyel Engineering College）の学生・教員と交流した。さらに
毎回のブータン勉強会の前後等で第1回スタディツアー参加者をはじめと
した経験者からも話を聞き、渡航イメージを固めていった。

第1回参加者ミーティングでのブータン講座　　　　グループに分かれて行った交流会

交流した王立ブータン大学の　　　　　　渡航前の最終確認を行った
学生・教員の皆さん　　　　　　　　　　第4回参加者ミーティング

　「第2回地域密着・体験交流型スタディツアー」の最終的なスケジュールは以下の通りとなった。第1回スタディツアーと同様に日毎のテーマを設定しつつ、ポブジカとパロでの農家ホームステイを通した体験・交流を重視したものとなっている。また参加学生の興味関心にしたがって、冬はプナカに下りてきている高地遊牧民の方々へのインタビュー、教会訪問及びクリスチャンの方々へのインタビュー、王室系 NGO であるタラヤナ財団訪問等も組み込んだ。ブータンを訪問するにあたっては常に渡航費がネックとなるが、現地滞在を1日でも増やすために東京＝バンコク往復は LCC を活用して航空券代を節約し、またクラウドファンディングの支援金や一般財団法人学生サポートセンターの助成金を渡航費の一部に充てさせていただいた。学びの仕組み作りや早稲田ボランティアプロジェクト全体で標榜している「現地への貢献」に関してはまだまだ改善の余地があるものの、スタディツアーの目的は概ね達成できたように思う。

月日	都市名	時間	活動内容
① 2/5 (水)	成田発 バンコク着	12:15 12:20 14:35 20:10 21:00 22:30	午後： 成田空港第2ターミナル（3階出発ロビー）にて集合 搭乗手続き・出国手続き エアアジア（XJ603）　成田空港 ⇒ ドンムアン空港（〜19:50） 入国手続き ドンムアン空港からスワンナプーム空港へ移動 夕食（於：Thai Restaurant & Bakery 1） 　　　　　　　　　　　　　　　　　　　◆バンコク・空港泊
② 2/6 (木)	バンコク発 パロ着 パロ発 ティンプー着 ティンプー発 プナカ着	03:00 05:30 08:00 08:25 09:30 10:00 10:50 11:15 12:30 15:00 16:30 17:30 19:00 20:00	テーマ：「農村の人々の暮らしを知る」 午前： 搭乗手続き・出国手続き Drukair（KB151）　スワンナプーム空港 ⇒ パロ 空港（〜07:25） 両替・入国手続き パロ → ティンプー（約1時間） ティンプー市内散策 ゴ・キラ屋（民族衣装購入） 中央郵便局訪問 昼食（於：Cousin Restaurant） 午後： ティンプー → プナカ（約2.5時間） プナカ・ゾン訪問 ラヤッパ、ルナナッパ（遊牧民）にインタビュー 　◆いろいろな人に話を聞く ホテル（The Four Boutique Hotel）チェックイン 夕食（於：ホテル） 振り返り／報告書ミーティング 　　　　　　　　　　　　　　　　　　　◆プナカ・ホテル泊
③ 2/7 (金)	プナカ発 ポブジカ着	07:00 08:30 08:35 09:45 11:40	テーマ：「農村の人々の暮らしを知る」 午前： 朝食（於：ホテル） ホテルチェックアウト サブジ・バザール（野菜市場）訪問 プナカ → ポブジカ（約2時間） ベタ小学校訪問（生徒と交流） 午後：

		13:15	昼食(於：Gangtey Restaurant)
		14:45	ガンテ・ゴンパ訪問
		15:15	ガンテ・ゴンパ周辺散策
			◆いろいろな人に話を聞く
		16:10	ホームステイ先到着
		16:30	ホームステイ先でのんびり／周辺散策
			◆ホストファミリーにお話を聞く
			◆ホストファミリーと交流
		20:30	夕食(於：ホームステイ先)
		21:15	振り返り／報告書ミーティング
			◆ポブジカ・農家泊(ホームステイ)
④ 2/8 (土)	終日 ポブジカ		テーマ：「農村の人々の暮らしを知る」 午前：
		08:00	乳搾り
		08:30	朝食(於：ホームステイ先)
		09:50	ポブジカ谷ハイキング(ガンテ・ネイチャー・トレイル)
			午後：
		12:10	オグロヅル・ビジターセンター訪問
		12:55	ホームステイ先帰着
		13:10	昼食(於：ホームステイ先)
		14:10	ガンテ・ロッジ訪問
		16:00	ホームステイ先帰着
		16:10	畑でカブ採り
			◆家の仕事のお手伝い
		19:30	夕食(於：ホームステイ先)
			◆ホストファミリーにお話を聞く
			◆ホストファミリーと交流
			◆ポブジカ・農家泊(ホームステイ)
⑤ 2/9 (日)			テーマ：「都市の人々の暮らしを知る」 午前：
		07:30	朝食(於：ホームステイ先)
	ポブジカ発	08:50	ポブジカ → ロベサ(約2.5時間)
			◆途中、アーチェリーの試合を見学
			◆途中、ラワ・ラ(峠)にて遊牧民のお宅訪問／ヤク放牧を見学
			午後：
	ロベサ着	12:15	昼食(於：Hotel Lobesa)
	ロベサ発	13:00	ロベサ → ティンプー(約1.5時間)
			◆途中、ドチュ・ラ(峠)からヒマラヤを眺望

	ティンプー着	15:20	シャチョッパ・ピンスム教会訪問
			◆クリスチャンの皆さんにお話を聞く
		17:00	王制百周年記念市場(野菜市場)訪問
		17:45	マイ・マート(スーパーマーケット)訪問
		19:00	第117回ブータン勉強会／夕食(於:Zombala 2 Restaurant)
		22:00	ホテル(Zhingkham Cottage)チェックイン
			◆ティンプー・ホテル泊
⑥ 2/10 (月)			テーマ:「都市と農村の違いを知る」
			午前:
		07:00	朝食(於:ホテル)
		08:00	ホテルチェックアウト
		08:45	モティタン高等学校訪問(朝礼見学)
			◆校長にお話を聞く
		10:10	タラヤナ財団訪問
			◆タラヤナ財団の活動に関するレクチャーを受ける
			◆併設されたタラヤナ・ショップを見学
		11:40	昼食(於:颯らーめん)
			午後:
		13:20	ティンプー市内散策
	ティンプー発 パロ着	15:30	ティンプー → パロ(約1時間)
		16:50	パロ市内散策
		17:30	ホームステイ先到着
		18:45	ドツォ(石風呂)体験
		20:15	夕食(於:ホームステイ先)
			◆ホストファミリーにお話を聞く
			◆ホストファミリーと交流
		21:45	振り返り／報告書ミーティング
			◆パロ・農家泊(ホームステイ)
⑦ 2/11 (火)	終日パロ		テーマ:「都市と農村の違いを知る」
		06:45	午前:
		08:20	朝食(於:ホームステイ先)
			タクツァン僧院訪問(トレッキング)
			(平山は海士町からのブータン訪問者3名をパロ空港で出迎え)
		13:10	午後:
		14:25	昼食(於:Paro Dhaba Indian Fast Food)
			ジープに乗り換えロリンカ村(過疎化しほぼ誰も住んでいない村)
		16:50	訪問
		17:30	◆ブータン東部から移住したお年寄りの方々にお話を聞く

		19:00	ホテル（Gangtey Palace）チェックイン
		20:00	ウツェ（パロ・ペンロプの部屋及び仏間）見学
		21:45	夕食（於：ホテル）
			全体振り返り
			振り返り／報告書ミーティング
			◆パロ・ホテル泊
⑧ 2/12 （水）		08:30	午前：
		09:30	朝食（於：ホテル）
		09:50	ホテルチェックアウト
		10:00	パロ空港到着
		10:30	搭乗手続き・出国手続き
	パロ発	11:50	報告書ミーティング
			Drukair（KB152）　パロ空港 ⇒ スワンナプーム空港（〜15:20）
	バンコク着	16:05	午後：
		17:10	入国手続き・両替
		18:00	スワンナプーム空港からバンコク市内へ移動
		22:15	バンコク市内散策
		23:30	バンコク市内からスワンナプーム空港へ移動
			スワンナプーム空港からドムアン空港へ移動
			◆機内泊
⑨ 2/13 （木）	バンコク発 成田着		午前：
		00:20	搭乗手続き・出国手続き
		02:35	エアアジア（XJ602）　ドムアン空港 ⇒ 　成田空港（〜10:00）
		10:40	入国手続き
		11:00	成田空港第2ターミナル（1階到着ロビー）にて解散

　スタディツアー中は毎夜1時間程度の振り返りを行いその日の気づきや記録を言語化・文章化し、帰国後に報告書を作成した。当時1年生だった参加学生3名（うち2名は2019年4月より海士ブータンプロジェクトメンバー／1名はスタディツアー参加を機に2020年4月より同プロジェクトメンバー）がそこに記した感想を、以下に紹介する*3。

ブータンという国

　目が覚め、飛行機の窓の外を眺めると、険しい山々、ぽつぽつと立ち並ぶ民家が見えた。日本とは全く違う景色。飛行機を降り、深呼吸をした瞬

間、澄んだ空気が全身を巡る。ここがブータンか。初めて訪れた場所にもかかわらず、何故か親近感を覚える。なんとも言えない不思議な感覚だった。生まれてから大学入学まで地方の田舎で育ち、時間、景色、人が絶え間なく変化する東京での生活が、なんとなく窮屈に感じていた。そんな中での約一週間のブータンでの滞在は、自分は何に興味があって、本当は何が好きなのかを再確認するきっかけを与えてくれた。

　ブータン渡航を通して、印象深く心に残っているのは、大自然とブータン人の心の温かみだ。ブータンのどこを訪れても、一面に広がる大自然。ポブジカ谷ハイキングに、タクツァン僧院トレッキング、移動中に見える山々、峠、透き通るような雲一つない青い空。日本人、特に都心で暮らす人にとって、自然は見に行くものである一方、ブータン人にとって自然とは、彼らとともにあるもの、当たり前の存在であると感じた。ドチュ・ラ峠から、ヒマラヤ山脈を一望した時、無意識に地元の風景と重ねている自分がいた。やっぱり自分は、自然が好きなのだと、改めて気づかされた。

　また、ブータンは温かい心をもった素敵な人々で溢れた国だった。ポブジカでのホームステイにおいて、全く血のつながりのない人、いわば赤の他人を受け入れ、まるで何十年来の付き合いであるかのように一緒に暮らしている光景。町で出会った初対面の人々と気兼ねなく話す姿。日本では考えられない文化に衝撃を受けた。しかし、知り合った年数は関係ない、周りの人々を大事にするブータン人を見て、心の温かさ、人とのつながりの強さを実感した。

　ブータン滞在最終日、朝4時ごろに目が覚めた。ふと、今日でブータンを離れるのだと思うと、自分でも驚くくらいに寂しい気持ちになった。日本に帰りたくないとさえ思った。ブータンに到着した当初は、ブータンのもつ大自然、人々に魅了されながらも、時間の流れがなんとゆっくりなのだろうと、一日一日が本当に長く感じていた。しかし、振り返ってみるとあっという間に日々が過ぎ去ったなと思った。いつの間にか、ブータンに流れるあの特有な時間の流れでさえも心地よく感じる自分がいたのだと気が付いた。ドルジさん、チミ、キンレイさんをはじめ、ペマ社長、モティタン高校の校長先生、ホームステイでお世話になった方々。日本に帰ってきて思い出すのは彼らの笑った表情で、皆生きることが本当に楽しそうだった。新しいものを求めるのではなく、"今あるもの"を大切にし、毎日

を生きる彼らが生き生きとして見えた。そんなブータンの人々が本当に大好きになった。そして、彼らのような生き方ができるようになりたい、彼らのいる"ブータン"という国にまた帰ってきたいと心から思った。

　訪問するまでは、ブータンに対して、「世界一幸せな国」というイメージしかもっていなかった。しかし、今回のスタディツアーで、ブータンの中身が少しだけ見えた気がする。どの国でも共通することであるが、訪れてみないとわからないこと、訪れて初めてわかることが数多くある。GNH を前面に掲げ、人々が幸せに暮らしている影にも、環境問題、特にポイ捨てに対する国民一人ひとりの意識の低さや、地方と都市部のインフラの差、発展具合にも、ブータンの課題が見え隠れしていた。ブータンに対して、日本人である自分にできることはないのかと、課題解決に向けてアクションを起こそうと強く思わせられ、今後の活動に生かすことのできる新たな一歩となった。また、自分の関心対象であるジェンダーや教育、政治についても、ブータンでの体験を通して理解を深めるとともに、日本とブータンとの違いは何であるのかと、さらに興味をいだいた。

　ブータンでの最後の夕食で今回のスタディツアーを振り返った際、ドルジさんが、「皆さんはまだ蕾、これから花になって輝いていくんだ」とおっしゃっていた。素敵な言葉だと思った。自分のもっている可能性は無限大。ブータンでの全ての出会いに感謝し、この先の人生、自分の中で一本の筋、大事なものを曲げず、輝く花になれるよう成長していきたい。

ブータンの魅力を知る

　今年度の春、ワボプロのパンフレットでたまたま「海士ブータンプロジェクト」を見つけメンバーに加わった。ブータンに興味があったというよりは日本の地方と外国を繋ぐという活動に興味を持ったからという方が近い。ブータンに行くにあたっては、行った人が口を揃えてよかったというブータンの魅力とは一体何かという漠然とした興味を持っていたに過ぎなかった。

　実際にブータンを訪れて、まず景色の美しさに感動した。ティンプーにいてもポブジカにいてもどこにいても、遮るものがなく澄んだ青い空が広

がっていた。町を移るたびに景色が変化するのもおもしろかった。多くの町が山と山の間に広がっているのだが、ティンプーやパロにはカラフルな家々が立ち並び、ポブジカには広大な野原が広がりその周辺に家が点在していた。どの景色も壮観だった。また起伏の激しい地形で、高さの変化から景色の違いを楽しむこともできた。ジープの荷台に乗ってロリンカ村に向かう道中、青々とした森を抜けると荒涼とした赤土が広がり、さらに登ると背の低い植物が茂る景色に変わった。九州ほどの大きさしかないというブータンのほんの一部を訪れたに過ぎないが、様々な景色を味わうことができた。

　また出会った人々の温かい人柄も感じられた。朝市やクラフト・マーケットでは店の人が他の店に行って紅茶や会話を楽しんでいてのんびりとした雰囲気が素敵だった。ポブジカで出会ったお店の方々は、我々の突然のインタビューに気分を害した様子を見せず、むしろ冗談を言って楽しむ様子は外国からの訪問客を受け入れてくれているようだった。ポブジカの小学生たちは私が質問するより先に質問し関心を示してくれた。ホームステイ先ではどちらのお宅でも自己紹介も待たずに家に通しお茶菓子を出してくれた。パロのお宅では子どもたちも総出で我々の世話を焼いてくれた。ブカリを囲む家族の輪に家族のあり方を見ることができた。客もその輪に加えて団欒に招くブータン流のおもてなしを体験し心が温まった。

　教会を訪れた際には教会の置かれた現状を知ることができ、ブータンの宗教への関心が深まった。ブータン王国憲法は宗教の多様性を認めていながら、実体は教会の存在すら認められていなかった。訪問した教会はビルの奥の小さな屋根裏部屋で看板も掲げずに礼拝をしていた。決してクリスチャンが迫害されているわけではないが、仏教国ブータンでクリスチャンであると打ち明けることは簡単ではなく周りからいじめられる人もいるようだった。聞けばキリスト教の他にイスラム教も認められていないという。一方で教会の方々は周りの仏教文化に批判的でないこともわかった。教会の中に国王の写真や仏画のようなデザインの絵を飾る様子は独特だった。彼らのようなクリスチャンの存在が国や周囲の人々に認められるようになることを願う。

　ブータンに行くまで関心のなかった法律・政治分野の問題も興味深かった。颯らーめんオーナーのさやかさんにお話を伺った際、ブータンでは5

年に一度の選挙で第一党が入れ替わり国政の一貫性が保たれず社会が混乱している様子がわかった。ガイドのドルジさんからは外国人がブータンに来るのが難しいだけでなく、ブータン人が外国に行くのも難しいシステムになっていることが伺えた。GNH の増大という興味深い方針を打ち出す一方で、政治や国のシステムに不満を抱いている人々がいるという一面を垣間見ることできた。

　実際に行ったことで景色の美しさに魅了され、人柄の良さに心動かされ、ブータンの宗教事情や政治・法制度について興味を持った。未知の国ブータンという印象から、自分なりにブータンの魅力を知り関心のあるテーマを見つけることができた。なぜ行った人は皆ブータンをよかったというのか。それはもちろん人それぞれだと思うが、良いと感じさせる魅力に溢れていると思った。百聞は一見にしかず。今回の経験を通してブータンに惹かれ、そしてブータンのために自分にもできることを模索したいと感じた。

不思議な国ブータン

　新しい人との出会いを楽しむ。スタディツアーを通して、私にとって大事な目標の一つであった。私は人と関わるのが得意な方ではない。話すときは緊張して表情が硬くなるし、周りの目を気にして思っていることを言えなかったり、素の自分を出せなかったりする。だからこそ、ブータンという国はとても不思議に感じられた。スタディツアー中、たくさんの人と出会う中で、とにかく自然体でありのままでいられた。この私が、だ。何がそうさせたのだろうかと考えると、明白な答えは一つだった。「人」である。

　ブータン人のことをよく知ることが出来たのは、やはりホームステイだった。私は別の国で、何回かホームステイをした経験がある。どの国でも、食べるときは家族と一緒であることに変わりはない。私が理解できるように英語を話してくれていたし、ついていけない時には分かるよう説明してくれた。しかし、ブータンだけはスタイルが違った。家について、暖炉を囲んで、それぞれが話をする。お互いに理解できるよう英語で話そうとする雰囲気もない。日本語とゾンカ語が飛び交っていた。もちろん、私たち

は向こうが何を話しているのか分からない。だけど、何か居心地がよかった。それはおそらく、彼らの生活そのままを見ている気がして、家族に溶け込んでいるような感じがしたからだと思う。彼らがゾンカ語で話していて、家の中が笑いで包まれる。それだけで楽しかったし、十分であった。ポブジカとパロの2家族にお邪魔させてもらった。どちらの家でも最初から最後まで、緊張することはなかった。そして、たったの一日二日であったのに、また会いたいと強く思った。家族の団らんのような、笑い声が響いているあの温かな時間が好きだと感じた。

　多くの人と話す中で印象的だったのは、ツアー6日目に訪れたモティタン高校校長のジグメ・チョデンさんである。たったの15分しかお話できなかったが、私にとっては大きな意味を持った。まず心に残ったのは、「Good human being」という言葉である。彼女は Good human being になることが最も重要だと繰り返しおっしゃっていた。また、人は死ぬときは死ぬんだから今をベストに生きることが大事だ、ということも教えていただいた。こういった教えは、日本でも何回か聞いたことがあると思った。しかし、目の前で生き生きとした表情で語る校長先生から発せられたそれらの言葉は、いつもとは違う説得力を持っていた。ジグメさんに会った時からなぜか幸せそうに見えたのは、彼女の中にこのような信念があるからなのかもしれない。「Good human being」と「今日を一生懸命に生きる」。前者になれるか、後者を実践できるかは正直分からない。ただ、彼女が本気で言っているのが分かって、自分にとって大きな意味を持ったことに間違いはないから、そういう生き方ができるように努力しようと考えた。

　日本に帰ってきて、ブータンの写真を全部見返した。戻りたいなとか、良い経験になったなとかいろいろ単純に思うことはあった。だけど、一番驚き、考えさせられたのは、写っている自分の顔の表情だった。私ブータンでこんなに楽しそうにしてたんだと改めて気づかされた。「新しい人との出会いを楽しむ」という目標。今となっては、必要なかったのかもしれない。なぜなら、ブータンには自分のしていることに自信をもってキラキラしている人が多かったから。目標なんて少しも意識せずに、そういう人たちの話を聞くことを自分は普通に楽しんでいたと思う。行く前は想像できなかった。ありのままでいられるブータン。本当に不思議な国。そう思

ルナナの皆さん(高地遊牧民)に話を聞く

ベタ小学校の生徒たちと交流

畑での収穫のお手伝い

過疎化しほぼ誰も住んでいない村で、
地域の問題を学ぶ

うのと同時に、こんなに素の自分を引き出してくれたブータンに感謝しか
ない。

　このスタディツアーに携わった人全てと言っても過言ではないくらい、
出会った一人ひとりが私のこれからにとって大きな糧となりました。本当
にありがとうございました。

　これらの感想には、人々の温かさ、自然の雄大さ、社会問題の存在等、
初めてブータンを訪れた10代の若者の素朴な気づきが飾らない言葉で記さ
れている。彼らの発見を一時的なものにせずどう次に繋げられるか、また
変容を後押しできるかは教員の腕の見せどころと言える。新型コロナウイ
ルスの影響下でボランティア活動自体も変容を余儀なくされているが、検
討を繰り返しながら、意味のある体験の場・貢献の場を創出していきたい
と考えている。

（早稲田大学平山郁夫記念ボランティアセンター）

注
＊1 早稲田大学校友会による、①校友会活動への顕著な貢献をした者、②学術・
スポーツ・ボランティア・芸術活動等のさまざまな活動において成果を上げ、
その活動によって校友を沸かせた者を表彰する賞。
＊2 文部科学省が展開する「日本型教育の海外展開推進事業（EDU-Port ニッポ
ン）」2018年度パイロット事業「「学校を核とした地域創生」海外展開モデル事
業—ブータン王国での学校魅力化プロジェクト—」（実施機関：一般財団法人地
域・教育魅力化プラットフォーム）の一環で、ブータン側と日本側の関係者が
協力しながら企画・準備を進め実現した3日間のワークショップ。参加者はチュ
カ・セントラルスクール、ゲドゥ高等学校（Gedu Higher Secondary School）、
モティタン高等学校（Motithang Higher Secondary School）、島前高校の生徒
・教員、及び JICA 青年海外協力隊員たちで、4つの混成チームを作り「日本人
観光客が思わずチュカ県を訪れたくなるような3分間の観光 PR 映像を作成す
る」というミッションに挑んだ。
＊3 大野木諒（編集）／平山雄大（監修）（2020）『早稲田ボランティアプロジェ
クト「海士ブータンプロジェクト」第2回ブータンスタディツアー報告書』
WAVOC、31〜33頁。

スマートフォンを活用した人生総幸福量の最大化の試み
― 100歳で50代の脳年齢を目指す天草スマートカレッジの取り組み ―

天草幸福量研究会代表

山口 誠治

はじめに

　天草市は、熊本県天草地方の市で、熊本県下では熊本市・八代市に次いで3番目の人口を擁する。面積は683.86km²、人口75,481人（2020年8月1日現在）、人口密度は、110人／km²となっている。

　天草市の総人口は減少傾向にあり、65歳以上の高齢者人口は微増傾向にあり、2020年3月末現在の高齢者人口は31,557人となっている。このため、高齢化率も40％を超えた。地域別では、天草市内で唯一離島の御所浦町等で50％を超えた地域が出現している。75歳以上の後期高齢者人口は微減しているが、要介護認定の出現率が特に高くなる85歳以上人口は増加していて、2020年3月7,307人となっている。

　国立社会保障・人口問題研究所による将来人口推計では、2025年には総人口が69,782人、高齢者人口は31,129人、高齢化率44.6％となることが予想される。高齢者人口は減少に転じるが、生産年齢人口・年少人口が減少することにより、高齢化率は増加し、2040年から2045年に高齢化率50％を超えることが推計されている（天草市統計調査資料より）。

　全国的な高齢化が進む中で、天草市はそのトップクラスにあり、高齢社会の課題である、過疎化、空き家問題、限界集落などが年々深刻化し、地域コミュニティの活力は次第に弱体化している。

　そのような中で、2020年7月7日より開校した「天草スマートカレッジ」は、スマートフォンを活用した活力あるコミュニティーの再生を目指して立ち上げられた。

　主体者は、天草市の老人クラブと婦人会で、そこに社会福祉協議会が支援をしている。現在この動きは、天草島内の他の行政区域である、上天草

写真1　天草スマートカレッジ開校式において挨拶する中村五木天草市長(令和2年7月7日・天草市社会福祉協議会本渡支所)

市と苓北町にも広がっている。

地域コミュニティの活性化にはボランティア活動を中心とした組織である老人クラブと婦人会は無くてはならない存在だが、それぞれの会員数は年々減少傾向にあり、地区単位のクラブは解散するところが増えていて、将来の存続が危ぶまれている。

このような中に危機感を持った天草市老人クラブの吉永繁敏事務局長を学長として、老人クラブだけでなく婦人会にも呼びかけて有志による天草スマートカレッジが組織された。

天草スマートカレッジのスローガンは、「100歳まで50代の脳年齢を保って人生総幸福量を最大化する」ことだ。

天草スマートカレッジの主軸となる活動は主に以下の3点があげられる。

1、高齢者の認知症予防のための脳機能の活性化

2、自主防災のためのセキュリティーネットワーク作り

3、仲間作りと自己成長のための生涯学習活動

このようにして、2020年7月7日からはじまった天草スマートカレッジは、単に高齢者がスマートフォンを学ぶ活動だけではなく、生涯かけて幸福量を最大化する生き方を目指していて、天草市が5年にわたり取り組んできた幸福量調査の目的とも深いかかわりがある。

本稿では、天草市民の幸福量の最大化のために天草スマートカレッジの取り組みが市民とコミュニティーにとってどのような意味があるのか、現在の時点での検証をしてみたい。

1．人間の基本的欲求説と災害復興支援活動の共通点

天草市が2015年〜2020年にわたり5つの地域で取り組んだ幸福量調査の指標には、マズローが説いた「人間の基本的欲求説」が下地となっている。

個人で異なる幸福観も、誰もが共通してる人間の基本的欲求が満たされ

ているかどうかを調べることにより、その地域で求められているものが何であるかを知り、それを満たすことで不満が解消し、幸せを感じるようになるという視点だ。

マズローの説く「人間の基本的欲求説」には5つの分野がある。以下、左側がマズローの学説の用語で、右側が天草市の幸福量調査で指標としているものだ。

1）生理的欲求　→　身体の健康
2）安全の欲求　　→　生活の安心
3）愛と所属の欲求　→　信頼の関係
4）承認の欲求　　→　役割の充実
5）自己実現の欲求　　→　役割の充実

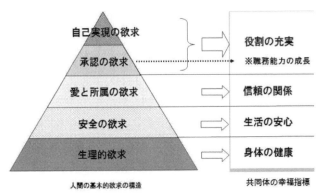

図1 マズローの基本的欲求説と天草市の幸福指標

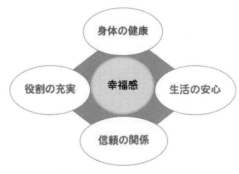

図2 天草市の幸福量調査の指標

このうち天草市の幸福量調査で用いる指標では、「４）承認の欲求」と「５）自己実現の欲求」を１つにくくり、「役割の充実」としている。

　地域コミュニティーは単に個人個人の集まりではなく、お互いに関わり合いながらたすけ合いのコミュニティーを形成している共助社会だ。

　そのコミュニティーにおいては、その人の独自の能力と活動が誰かの役に立って感謝されることで、その人の「承認の欲求」と「自己実現の欲求」が共に充足する。つまり、コミュニティーでは一人の人の自己実現は即他者への貢献であり、その貢献により他者は物質的、精神的に満たされて喜びを享受する。これが共助社会に内在している人間の基本的欲求の充足なのだ。

　視点を個人におくと「承認の欲求」と「自己実現の欲求」となるが、共助社会においては「承認の欲求」と「自己実現の欲求」は「役割の充実」という言葉に置き換えることができる。

　ここで注目したいのは、コミュニティーの成長のプロセスと、甚大災害に見舞われた被災地域での復興のプロセスとが驚くほどに一致しているということだ。

　つまりマズローの基本的欲求説に基づくコミュニティーの形成は、そのまま甚大災害で破壊された非日常的なコミュニティーが日常的なコミュニティーへと復興していく過程をそのままたどるのだ。

　甚大災害に見舞われた時、電気、ガス、水道、通信のライフラインは破壊され、そこに暮らす人たちは原始人より過酷な身の危険にさらされる。夜になっても明かりはなく、食事を摂るにも水や食料もなく、安心して眠れる場所もない。そのような非日常的な過酷な生活から、通常の日常的な生活に戻っていくプロセスは、天草市が用いている幸福指標と符合する。

　１）身体の健康（生理的欲求）…生命を守るため、水、食料、排泄処理、
　　　睡眠などの確保
　２）生活の安心（安全の欲求）…安全な居住空間、避難所、仮設住宅、家
　　　屋での暮らし
　３）信頼の関係（愛と所属の欲求）…避難所や仮設住宅、居住地の人々と
　　　の人間関係作り
　４）役割の充実（承認の欲求、自己実現の欲求）…お互いの個性を生かし

てたすけ合う(共助)

　このことは、幸せなコミュニティーとは何なのかを知るうえでとても重要だ。充実したコミュニティーとは、そこに暮らす人々に共通する人間としての基本的欲求が満たされていることである。

　その最初が「1) 身体の健康(生理的欲求)」である。誰しも身体の健康無くして快適に暮らすことはできない。病気や事故、怪我によって身体的機能が満たされず、行動が制限された状態では、当り前に家庭生活や仕事をすることが困難となる。その最たるものは生命の危険にさらされた重度の病気による食事制限や運動制限である。甚大災害に見舞われた被災者も同じで、72時間以内に身体の安全を確保しなければ生命の危機にさらされることと共通している。

　次に、身体が健康を保つために外的環境を整えるのが「2) 生活の安心(安全の欲求)」である。ライフラインが整備され、衣食住がまかなえて、火災や暴風雨、地震などから自分の命を守る生活環境は、家庭と職場を含む主な生活空間には無くてはならないものだ。
　身体を守るための生活空間が整わなければ、原始時代と同じで、常に外的な危険に身をさらされることになる。災害が発生して、自分の家が危険家屋となった場合、避難所での仮住まいとなるが、その間通常の家庭生活ができるように被災した家屋の修繕をして復興していく。万が一、自分の家が修復不能の場合は、仮設住宅で暮らして、新たな場所での生活へと移る。これらの過程は、誰もが欲する「2) 生活の安心(安全の欲求)」そのものである。

　上記の2つの指標は、物質的で目に見えるものである。物質的に恵まれた環境が整うだけでは、精神的な満足は得ることができない。人は決して一人では生きていけない。毎日誰かと関わりながら生きている。その関わりは相互依存的で、物質面、経済面、精神面でたすけ合うことで快適に暮らせる。そのために必要になるのが「3) 信頼の関係(愛と所属の欲求)」である。身近な家族や親戚、友人、仕事関係の人々と信頼関係がな

ければ、生活の営みは円滑にいかない。お互いに相手に対して不信感を抱くようでは、精神的にストレスがたまり、喜びに満たされた幸せな暮らしはできない。

　被災地での復興活動では、この過程は仮設住宅や、移転した新たなコミュニティーでの人間関係作りの過程となる。人は物質的に恵まれただけではコミュニティーで暮らしていけない。そこに暮らす人たちと相互依存関係を保つことにより、お互いにたすけ合いながら快適に暮らすことができる。ここでお互いの信頼関係が作れない場合、孤立や対立、衝突や無視が起こり、精神的に大きなストレスを感じることになる。

　被災地の仮設住宅での孤独死が問題視されるが、新しいコミュニティーで周りの人たちと円滑な人間関係を築けずに孤立した人がほとんどである。日頃から挨拶や声掛けややりとりが盛んな人たちにとって孤独死は無縁なものだが、知らない地域で知らない人々と新しい信頼関係を作ることに疲れた人たちがその憂き目にあう。

　「3）信頼の関係（愛と所属の欲求）」は、精神的に生きる人間に不可欠なもので、目に見えないものだが、家族にとっても、職場にとっても、学校にとっても、地域にとっても、あらゆる生活上の関りがある人たちとの信頼関係作りが、幸せな暮らしの土台となる。

　マズローの基本的欲求説の中で「承認の欲求」、「自己実現の欲求」の項目に該当するのが天草市の幸福量調査で用いる指標「役割の充実」となっている。

　身体が健康で、生活の安心安全が確保され、お互いに信頼しあって円滑な人間関係ができた時、お互いにたすけ合って暮らすための、それぞれの役割が重要になってくる。自分のできること、好きなこと、得意なことをお互いに生かしてたすけあうコミュニティーができると、対立や孤立や争いはなくなり、調和のとれた共助社会が実現する。

　その中にあって、他の人にはない自分独自の能力や個性を生かした役割を果たしてコミュニティーに貢献できれば、マズローの説く「承認の欲求」と「自己実現の欲求」が可能となる。

　被災地における災害復興においても、避難所から仮設住宅、あるいは復興した地域での暮らしに戻った時、活力ある地域活動が展開されるには、

地域住民の役割が大切になる。それは、自分らしい生き方によって地域に貢献することで幸せな地域社会が実現する。

　以上のようにマズローの基本的欲求説と災害復興のプロセスが符合していることを考慮することは、幸せな地域社会の実現に大いに参考になる。

　天草スマートカレッジではスマートフォンを活用した幸せな地域社会を作り、市民の人生総幸福量の最大化を目指している。

　では具体的にどのようにして活動を展開するのかをみてみたい。

2．天草スマートカレッジのビジョン

　天草スマートカレッジは、以下のビジョンを掲げている。

　「私たちは老人クラブと婦人会と社会福祉協議会の協力により、100歳で50代の脳年齢を保って人生総幸福量を最大化する生涯学習の場と、みんながたすけ合いながら安心安全に暮らす幸せな地域づくりを目指します。」

　老人クラブと婦人会と社会福祉協議会に共通するものは、地域住民の福祉を充実する活動に取り組んでいることで、天草スマートカレッジの活動はその活動をより充実させることを目指している。

　具体的なビジョンとして2つに重きをおいている。

　1つ目は、「100歳で50代の脳年齢を保って人生総幸福量を最大化する生涯学習の場」を作ることだ。

　そこには、1つのモデルがある。そのモデルは、106歳で30代の脳年齢を保っていたと言われていた医学博士と文学博士の2つの博士号をもつ福岡教育大学の名誉教授昇地三郎博士である。

　2012年11月29日に天草市民センターで昇地三郎博士は、若々しく長生きする秘訣を天草の人たちに対して講演を行っている。

写真2　天草スマートカレッジ　吉永繁敏学長（右）と金澤裕巖副学長（左）

写真3　106歳で世界最長移動距離のギネス記録を出した昇地三郎博士の講演（2012年11月29日　天草市民センターホールにて

　驚くべきことは、昇地三郎博士は、95歳から中国語を学び始め、100歳からロシア語とフランス語を学び、100歳から毎年世界一周旅行をしていたことである。

　そして、106歳の時に世界最高齢者の公共交通機関を活用した最長移動距離でのギネス記録を出している。この年の11月28日夜に東京都渋谷区で社団法人日本メンズファッション協会主催によるベストドレッサー特別賞を受賞された。その翌日の午後天草で90分の講演をした上で最後に黒田節を披露された。

　昇地三郎博士は、NHK スペシャル「老化に挑む」の中で日米の学者によって30代の脳年齢と診断されたと紹介された。

　脳機能は使っている限り老化しないことを自ら立証していた昇地三郎博士を見習い、天草スマートカレッジの受講生は100歳で50代の脳年齢を保つことを目指している。そのための生涯学習活動をスマートフォンを活用して実施している。

　特徴的なのは、人生総幸福量を最大化するための生涯学習を主軸としていることで、決してスマートフォンを学ぶことが目的ではない。スマートフォンは自分の幸福量を高めるための道具であり、100 歳まで年ごとに幸福量を増大させることを目指していて、100 歳を卒業年齢としている。

　2つ目は、「みんながたすけ合いながら安心安全に暮らす幸せな地域づくりを目指します。」で、前述した幸せな地域コミュニティーを作り、天草が日本一幸せな高齢社会となることを目指している。その内容については、天草市が実施している幸福量調査について前述した内容と重なるので割愛する。

3．幸福量を高めるための講座

　天草スマートカレッジは、2020年7月から始まったが、現在1回2時間の

講座を10回にわたり3ヶ月を1学期として毎週開催している。

　講座の内容に関しては、受講生の幸福量を高める内容になっている。

　特に災害時や平時の安否確認をスマートフォンのアプリケーションソフト LINE を活用して、受講生の生命の安全を守る仕組み作りを行っている。

　2020年7月に天草スマートカレッジが始まったが、同時進行で天草市防災課、情報政策課、天草市社会福祉協議会、天草ケーブルネットワーク（あまくさシティエフエム）と、市民の命と暮らしを守るためのスマートフォンを活用したセキュリティーネットワークづくりの勉強会を毎月開催している。

　LINE というスマートフォンのアプリケーションソフトについて、LINE 株式会社は以下のようなミッションをホームページに掲げている。

　「LINE は、2011年3月11日に日本で発生した震災をきっかけに、モバイルメッセンジャーとして生まれました。

　　家族や友人・恋人など、身近な大切な人との関係性を深め、絆を強くするコミュニケーション手段こそが日本のみならず、世界中で求められていると考え、2011年6月にサービスを開始しました。」

　これは、東日本大震災をはじめ大きな災害が発生した時、携帯電話がつながりにくくなり、大切な人の安否確認がとても困難だったことを踏まえて開発されたアプリケーションソフトが LINE であることを示している。

　天草スマートカレッジでは、高齢者世代の生命の安全を守るため、特に LINE を活用した地域コミュニティー作りに力を入れていて、通常の講座でも LINE を用いて文字の入力練習やグループ内でのメンバーとのやりとりをしている。

　LINE を活用したグループでのコミュニケーションは、非常時での安否確認に有効であるばかりではなく、日常的には高齢者を孤立させずに常にやりとりができて、人と人との絆が強くなる効果がある。

　天草の若年層は天草を離れて他の地域で暮らしている人たちが多いが、受講生はスマートフォンで LINE を活用する以前は、たまに他の地域にいる子どもや孫たちと携帯電話でやりとりする程度だったのが、LINE を活用するようになって、画像や動画によるお互いの近況報告を頻繁にやりとりするようになって、とても楽しくなったという受講生が増えている。

写真4 天草スマートカレッジ受講生のグループ学習の様子

また、スマートカレッジの講座の学び方は6人1組のグループワークだが、講師から出される課題についてグループのメンバー同士が互いに教え合い学び合いながら学習するスタイルをとっている。そこで用いるのが LINE のグループ機能で、回を重ねるごとにメンバーの絆は深まり、学友として日常的にやりとりをしている人が多い。

この経験がそのまま他の人たちとの友達作りになり、新たな地域コミュニティー作りによって地域の活力が高まる効果が期待されている。

次に、グーグルの検索機能を使った学習活動を行っている。スマートフォンには数多くのアプリケーションソフトがあるが、その中でも受講生自らが学びながら自己成長していくために非常に有効なアプリケーションソフトとしてグーグルの検索機能がある。

知能の発達は自ら考えることによって促されるが、特に高齢者の脳機能が活性化するには、自分が興味ある情報を自分で調べて、その情報を基に自ら考えて行動をすることが重要だ。

創造的な仕事をしてきた人以外、多くの人たちは、若い頃から画一的なフレームワークをこなす毎日で、まるで機械の歯車のように決められた活動をすることが日常生活のあり方だった。

しかし、若い頃からの仕事の現場を離れ、家庭生活も子供たちがそれぞれ自立して高齢者となった人々には、毎日自由に使える時間が増えた。

その自由な時間は、何も考えなければ、ただなんとなく過ごすだけで多くの時間がどんどん過ぎ去ってしまう。これは非常にもったいないことで、せっかくの自由な時間を自分が興味あることや好きなことや喜びを感じることに費やすことで、生きがいのある幸せな暮らしができる。

そこで求められるのが、受け身の生き方ではなく積極的に行動する主体的な生き方への転換だ。決められたことをするのではなく、自ら考えて決めたことを行動する生き方。主体的に生きる人は、自ら考え、自ら行動し、

その結果に対して自ら責任をとる。反応的に生きる人は、周りの状況や環境や本能に常に影響を受けて、それに反応する生き方となる。動物のように本能によって決められたプログラム通りに反応的に生きるのではなく、人間は自分の心によって自由に自分の生き方を作り出すことができる。そこに人間性が発達し、マズローの基本的欲求説の最終段階にあたる自己実現ができる。それは誰にでもできることで、反応的な生き方から主体的な生き方に切り替えるだけで、誰もが持って生まれた人間性が発揮される。

　高齢者層の幸せな生き方は、自由な時間を主体的な生き方によって充実させることだ。そのためには、求めてやまない探求心を喚起させ、知りたいことを知り、そこから考えて行動するための道具として、スマートフォンのグーグルの検索機能はとても有効だ。

　グーグルの検索機能には、主に3つの機能がある。

　1つ目は、グーグルアシスタントという検索機能で、「OK グーグル」と言って音声によりグーグルアシスタントを起動させ（ホームボタンの長押しでも可能）、自ら知りたいことを尋ねるだけで、世界中のありとあらゆるジャンルの情報を瞬時に検索して答えてくれる。アップル社の iPhone では「Hey siri」で同じような機能が使える。

　2つ目は、グーグルレンズという画像検索機能で、スマホのカメラレンズを対象物に当てるだけで、その物を識別して、名前や詳細な情報を一瞬で出してくれる。例えば、道端に咲く名も知らない花があったら、それにグーグルレンズを当てるだけで、その花の色や形を見分けて、世界中で確認されている植物の情報を探し出して、詳しい情報を教えてくれる。天草スマートカレッジの受講生の特に女性層ではこの機能を楽しんで使っている人が多い。

　興味はあるが今まで知らなかったものの名前や情報が一瞬で分かるこの機能により、知的好奇心が大いに刺激されて向学心が高まる。

　3つ目は、文字入力によるキーワード検索機能で、通常パソコンでよく使われている文字入力による絞り込み検索機能だ。ある事柄を調べるためキーワードをいくつか文字入力することにより、その結果が瞬時に分かることはパソコンやスマホを使いこなしている人たちにとっては当り前のことである。しかし、高齢者層の中には、これまでパソコンも使っていないし、スマホも初めて使う人たちが大半を占めるので、キーワードを活用し

た絞り込み検索機能は画期的なものだ。

　検索機能はグーグル以外の他社にもたくさんあるが、他の有益なアプリケーションソフトとの親和性からグーグルの検索機能はとても使いやすい。

　このようにグーグルが提供する3つの検索機能の活用により、知的好奇心が増大し、高齢者層がより主体的な生き方ができるようになる。生涯学習活動の質を高め、自己成長を続けていつまでも若々しく暮らす人々が増えることで、地域は年齢に関係なく活性化する。高齢社会に負のイメージがつきまとうのは、成長ではなく衰退の印象が重なるためであるが、昇地三郎博士をモデルとして100歳まで50代の脳年齢を保って自己成長続ける高齢社会は、世界で最も理想的な社会だ。

4．自己成長と共助社会を作るために

　天草市では、以下の4つの幸福指標を用いて市民の幸福量調査を実施している。あらためて、その幸福指標と今後天草スマートカレッジの活動がどのように影響するかを推察してみたい。
　　1）身体の健康（生理的欲求）
　　2）生活の安心（安全の欲求）
　　3）信頼の関係（愛と所属の欲求）
　　4）役割の充実（承認の欲求、自己実現の欲求）
　「身体の健康（生理的欲求）」の中で優先されるのは、生存のための本能を満たすことだが、実は身体的な健康と同時に重要なのが精神の健康である。身体面と精神面が重なる欲求としては知的好奇心の欲求がある。よりよく生きるために必要な情報を得たいとの欲求は誰しもある。それは、有益な情報が得られたことで快適に暮らせるだけではなく、情報を得るために活動する脳の働きそのものが脳の活性化、脳の健康につながる。前述した昇地三郎博士のように、語学を学ぶことによって若い脳年齢を保てるように、常に学び続けることが脳の健康を保つことであり、認知症予防や脳機能の退化を防ぐことになる。

　天草スマートカレッジの受講生は、グーグルの検索機能を使うことにより、手のひらの上で、瞬時に世界中のありとあらゆる情報を手に入れる体

験をする。スマートフォンに不慣れだった人たちも、この驚きと喜びに満ちた経験により、知的好奇心は次第に高まり、その結果生涯学習を促進させるきっかけとなっている。

「生活の安心（安全の欲求）」に関しては、高齢者層のインターネット回線を介した快適な暮らしが実現できる。特に、限界集落の買物弱者、交通弱者といわれる老老世帯や独居老人にとって、スマートフォンを活用して買物ができるネットショッピングは生活の仕方に大きな影響を与える。

時間をさき、労力をさいて交通機関を使って買物をしていたのが、家にいながらほしいものをネット上で注文ができて宅配されるようになると労力は減り、空いた時間と労力を他の方面に充てることができる。

多くの若年層は当り前のようにスマートフォンでネットショッピングをしているが、天草の高齢者層ではまだまだその恩恵にあずかる割合は小さい。ガラケーしか使わない高齢者にとって、スマートフォンを活用して様々な生活上の便利な情報や現物が自由に手に入るようになると、生活上の不便さが解消されていく。「生活の安心（安全の欲求）」は、単に衣食住、ライフラインが満たされるだけでなく、スマホを活用してより快適に暮らすことで生活の質は次第に向上して、幸福量は増大する。

「信頼の関係（愛と所属の欲求）」においてスマートフォンはより効力を発揮する。人と会話する時に面談や電話で対応していた高齢者層が、スマートフォンの SNS 機能の中で特に LINE を使えるようになると、大切な人とのコミュニケーションの頻度と質が向上する。

天草スマートカレッジを最初に試験的に実施した天草市牛の首老人クラブの活動では、スマートフォンを習う前は、月のうち何度か公民館に集合して健康体操や講演を聴くのが老人クラブの主な活動だったが、スマートフォンの LINE を使えるようになってから、毎日家にいながら LINE を用いてコミュニケーションを円滑にとるようになり、お互いの信頼関係がより強く広くなって、老人クラブの活動が活性化してきた。

このことは、他の会活動やグループの活動にもそのままいえることで、物理的に直接会うことが前提の会活動から、直接会わなくてもスマートフォンでやりとりをしながら活動を続けることができることで、グループのメンバーのつながりがより強くなる。

もちろんその前提としては、実社会と同じようにスマートフォンでのコ

ミュニケーションにもマナーとルールがあり、お互いにそれを守ることで快適な人間関係ができる。天草スマートカレッジでは、これまでインターネット上で人と交流したことがない高齢者に対して、お互いに人を傷つけないように尊重しあってコミュニケーションをとることを教えている。そして、時間と場所の制約を受けないスマートフォンでのコミュニケーションは、高齢者層の人間関係作りに大きな変化を与えている。

「役割の充実（承認の欲求、自己実現の欲求）」は、他の3つの幸福指標が享受するものであるのに対して、他の人や地域社会に貢献する性格をもっている指標だ。地域社会は享受する人ばかりではなく、そこに貢献する人がいなければ成り立たない。お互いに自分の能力や得意なことを生かして他の人のために貢献し合うのが共助社会のあり方である。

天草スマートカレッジが最終的に目指すところは、「みんながたすけ合いながら安心安全に暮らす幸せな地域づくり」であり、人間の基本的欲求が満たされた共助社会である。

これまで多くの地域で歴史的に作られてきた社会は、強い者が弱い者を統治する社会だった。武力、経済力、地位、権力など、そこに強い者と弱い者がいて、弱い者が強い者に支配される構造となっていた。

しかしインターネットの出現により、人類が経験したことがない誰もがフラットで平等な情報社会が生まれた。より快適に、より幸せに生きるための情報が共有され、そのために有益な情報を提供して貢献する人たちが必要とされている。インターネットの情報社会の出現は、現実の社会のあり方にも大きな影響を与えている。

写真5　天草スマートカレッジ第1学期修了生記念写真　　令和2年9月29日

天草スマートカレッジにおいても、誰もが必要とする有益な情報を提供する人が歓迎されている。人々を幸せにする個々の有益な情報をお互いに共有する地域社会が今後展開されるだろう。

　幸せな共助社会の実現には、市民にとって有益な情報の共有が欠かせないが、超高齢社会の天草にとって、天草スマートカレッジでスマートフォンを扱う人の増加が、これから10年後、20年後の将来を大きく左右するだろう。

おわりに

　天草市は、現在まで10支所のうち5支所で、戸別訪問による幸福量調査を実施してきた。

　　　2015年度…倉岳地域
　　　2016年度…御所浦地域
　　　2017年度…本渡地域
　　　2019年度…牛深地域
　　　2020年度…河浦地域

中村五木天草市長は、今後天草10支所すべてにおいて幸福量調査を実施する予定だと発表している。

　中村五木天草市長が、郵送によるアンケート方式ではなく、住民と直接面談して戸別訪問の聞き取りによる幸福量調査する最大の理由は、調査員が五感を総動員して、市民の生活状況を各家庭に出向いて的確に把握して、より精度の高い住民のニーズを理解するためだ。

　調査員が住民の暮らしを直接目で見て、直接耳で聞いて、住民の暮らしの状況を直接肌で感じて把握することほど正確な情報はない。

　そして、調査の結果分かった住民が抱える問題を無くすために、自助、共助、公助の協働の取り組みによって解決していくやり方が幸福量調査天草モデルだ。

　2020年7月7日、天草スマートカレッジの開校式の挨拶で中村五木天草市長は、

　「このような住民の暮らしを守るためのスマートフォンを活用した取り
　組みは、本来行政がしなければならないことなのに、皆さん方民間の方

たちがやられることには本当に感謝しております。」
と述べられた。特に、甚大災害が毎年のように発生する昨今、住民の安否確認は非常に重要な問題だ。しかし、実際に高齢者層の安否確認はその把握がとても困難な状況にある。特に過疎地域で独り暮らしの高齢者の命を守るために、高齢者がスマートフォンを使って、お互いの安否確認が瞬時にできるようになれば、行政の支援も円滑にできる。同時にスマートフォンを活用して住民同士がお互いにたすけ合うコミュニティーができれば、共助による地域力はどんどん活性化していく。
　日本が直面する超高齢社会の問題を解決していく先進モデルとして、天草市の幸福量調査とともに天草スマートカレッジの取り組みが注目される。

ＧＮＨの延長線に、「他者との関係性」
──拙著『日本を愛した人類学者』と互助、協同

田中　一彦

　私は、戦前の1935〜36年に熊本県の須恵村（現あさぎり町）を調査したアメリカの社会人類学者ジョン・エンブリー夫妻について調べている。それまでは、ブータンの GNH（国民総幸福）が関心の中心だったが、当時の須恵村の暮らしが現在のブータンそっくりに見えたことが、軌道修正の理由である。しかし、「幸福とは何か」という問いが原点にあることには今も変わりない（『ＧＮＨ研究』第2、4号参照）。

　エンブリー研究の結果として2017年に『忘れられた人類学者』（忘羊社、第31回地方出版文化賞功労賞受賞）を上梓した。その後、須恵村を離れた後のエンブリーの戦中戦後の業績を追い、GNH の延長線上にある続編として18年に『日本を愛した人類学者』（忘羊社）を刊行。朝日新聞読書欄の「今年の３点」で「知られざる人物を歴史の中に定着させた貴重な書」（ノンフィクション作家保阪正康氏）と取り上げられた。

　以下、学会事務局の勧めもあり、同著の主な内容を紹介。関連してブータンの GNH 政策の理念を再確認しながら、エンブリーが関与した FAO（国際連合食糧農業機関）の「幸福（welfare）に関する指標」をやや詳しく触れてみたい。

1．拙著『日本を愛した人類学者』について

　エンブリー夫妻が須恵村を去って5年後に真珠湾攻撃を皮切りに日米が戦うことになるが、両国の板挟みの中で次々に担った重要なその職務と業績については、日本ではほとんど知られていない。拙著は、日本の農村研究に先鞭を付けたエンブリーに関する初の評伝である。

　1937年に須恵村研究論文でシカゴ大学から博士号を取得した後、ハワイ

『日本を愛した人類学者』表紙

大学に移ったエンブリーは、ハワイ島コナ地区のコーヒー農園の日本人移民を調査。世界的ベストセラーになった『須恵村』（シカゴ大学出版）を1939年に刊行後、41年8月にトロント大学に移る。

そして、開戦から2週間足らずの同年12月20日、トロントのエンブリーに、日本専門家としてワシントンから呼び出しが掛かる。7月に創設されたばかりの情報機関 COI（情報調整局）からで、COI では幾つかの報告書作成に関わった。

中でも注目されるのが、エンブリーが作成した極秘報告書「Social Relations in Japan（日本の社会関係）」（1942年3月）である。この中でエンブリーは「Emperor is a symbol of national tradition（天皇は国家的伝統の象徴）」と記している。現時点では、この文書がアメリカの公文書として初めて天皇について「象徴」と表現した可能性が強い。拙著では一章を割いて詳述した。

天皇の扱いについては、開戦間もなくから論議になり、アメリカが最も頭を悩ましていた問題である。エンブリーも、さまざまな文書で天皇について論じている。実はエンブリーは、それより5年前の1937年、先述の博士論文で天皇について「The Emperor is used as the symbol of the nation（天皇は国家の象徴として使われている）」と記し、『須恵村』でも同じ言い回しが使用されている。エンブリーが早い時期から天皇を「象徴」と認識していたことが見て取れる。しかも「is used as」と表現している。その意味を追究することは、「象徴」が戦前と一線を画した「単なる象徴」なのか、戦前を引きずった「崇高なる象徴」なのか、現在も解釈が曖昧な「象徴」の真の意味に近づく一歩になると思われる。

エンブリーの日本概論『The Japanese Nation（日本国家）』（1945年7月）は、巻末索引のページ数だけでも「天皇」が20ページにわたって登場し、エンブリーの天皇論と言ってもいい。エンブリー自身は天皇制存続について賛否を明確にしていない。なぜなら、「日本人自身による決定を重んじた」ためとみられる。

このことは、エンブリーの須恵村調査中に起こった二・二六事件につい

て『須恵村』では原注でごく短く触れているだけということと同様に、天皇の関与も含めて、その評価の難しさを知っているエンブリーの慎重さを表していると言っていい。ただいずれにせよ、天皇制研究においてエンブリーが一顧だにされていないのは残念だ。

ちなみにブータン憲法でも、日本憲法と同様の表現を取って、国王は「王国と国民統合の象徴」と記されている。もちろん、日本の憲法が参考にされたことは言うまでもない。ただ、日本に比べ、国王のリコールや65歳定年制まで規定していることをどう捉えるか、私たちの「内なる天皇制」と真の民主主義への問いでもあろう。

42年夏には、COI から改組された OSS（戦略事務局）に移り、日系アメリカ人強制収容所の仕事に１年間携わる。WRA（戦時転住局）のコミュニティ分析課長として多くの報告書を残しているが、ほとんど知られていない。エンブリーはこの強制収容所を運営する WRA 幹部として、自国の民族差別の根深さを知る。収容所に関する従来の研究は収容者側のものが多く、管理者側でありながら日系人差別を批判し収容者に身を寄せるエンブリーの資料の研究は、拙著が初めてと言っていい。専門家による一層の分析を期待したい。

43年9月からはシカゴ大学の CATS（民政訓練学校）で、終戦後の日本占領のための士官教育に取り組む。その教え子や同僚教官の多くがGHQ/SCAP（連合国最高司令官総司令部）に参加した。講義では『須恵村』が教科書として用いられ、占領士官が自民族中心主義に陥らないために日本社会の特質を理解することの必要性を訴えた。

その後、再びハワイに戻り、二度のミクロネシア調査を実施する。一度目は45年8月、情報機関 OWI（戦時情報局）に在籍し、すでに日本軍が降伏していたサイパンとテニアンの収容所を調査する。11月2日に予定されていた本土（九州）進攻の基地となる沖縄の占領政策に生かすことが目的だった。

エンブリーが終戦をどこで迎えたのか調べたところ、サイパンで8月15日を迎えていたことが、ミクロネシア調査報告書から判明した。8日にサイパンに到着。翌9日にはテニアン島からB29が飛び立ち、広島に続き長崎が被爆地となる。エンブリーの後の論考には、原爆に関する言及もある。その後ハワイ大学の准教授として、同年末から翌年にかけて再度のミクロ

ネシア調査に参加。エンブリーは、日本に代わって占領したアメリカ軍政府による南洋諸島管理の不十分さを痛感することになった。

47年、エンブリーは国務省の文化高官としてインドシナ戦争下のタイ、ベトナムに1年間滞在する。その間、少なくとも2度ホー・チ・ミンに会ったという妻エラの興味深い証言もある。帰国後、エール大学に移り、50年12月に亡くなるまで東南アジア研究所長を務める。一方で、49〜50年には国連やユネスコの仕事にも携わり、後で紹介するが、幾つかの関連報告が残っている。

また、『須恵村』が大きな影響を与えた政策として、GHQ による戦後日本の農地改革がある。エンブリーが亡くなる前後のことだが、須恵村など全国13カ村を調査したアーサー・レイパー調査団の報告書も『須恵村』に触れている。筆者は、須恵の旧役場から、13カ村のうち須恵村だけに残っていたレイパー報告の下書きを発見することもできた。農地改革を進める GHQ にとって、地主、小作の実情だけでなく農村の暮らしの全体像を知ることができる教科書として『須恵村』が重宝されたことは確かだ。

これに関連して、英国の社会学者ロナルド・ドーアが『日本の農地改革』(1959年) で、丸山眞男ら戦後日本の知識人による共同体批判に対して「協同社会」としてのムラを評価したことは、現代ブータンと『須恵村』の類似性をあらためて想起させてくれた。

2．反自民族中心主義と民主主義という2大テーマ

戦中戦後のエンブリーの仕事を追ってみると、二つの大きなテーマを挙げることができる。エスノセントリズム（自民族中心主義）に対する抗議と、日本占領との関係における民主主義である。

アメリカ、ロシア、中国の昨今の指導者や欧州の極右政党の躍進などを思い浮かべるならば、自民族中心主義批判が極めて今日的なテーマであることが分かる。古くさい過去の人類学の論議ではさらさらない。

エンブリーの抗議は同時に植民地主義批判であり、『菊と刀』(1946年)で戦争と関連して日本人の性格を「幼稚で攻撃的」と分析したベネディクトらの「文化とパーソナリティ（国民性）学派」批判ともつながっている。その立場は、どんな文化にも未開や進歩的といった優劣はないという文化

相対主義に則っている。西洋中心主義に対する批判は、フランスの人類学者レヴィ＝ストロースの『野生の思考』(1962年) が有名だが、その主張に関しては同じ年齢のエンブリーのほうが先輩とも言える。相対主義の立場から言っても、植民地主義の波に翻弄された経験を持つブータンの GNH を知ることは、エンブリーが体感した85年前の須恵村を知ることと同様に、返す刀で今の日本を省みることにつながる。

　また民主主義は、エンブリーの「real democracy (真の民主主義)」という言葉で言い表される問いでもある。エンブリーが日本人自身による決定を重んじた天皇制とも関係する。

　エンブリーは、天皇の処遇を含め、GHQ の手による日本の民主化に対して反対だった。民主主義は、須恵村の協同的な暮らしが「民主的」であると思われたように、人々が自ら時間をかけて自発的に作っていくものであり、上から押し付けられるものではない、というのがエンブリーが手探りした「真の民主主義」の基本原則だった。統治の手段としての民主主義とは異なる民主主義である。

　エンブリーの多くの論考を読むと、自民族中心主義批判や民主主義を考える際に、須恵村の暮らしが必ずといっていいほど引用されている。『The Japanese (日本人)』(1943年) では、日本の村には「ローカルな民主主義のシステムがあった」と明確に記す。もちろん念頭にあるのは須恵村である。エンブリーの戦中戦後の考え方の原点に、いつも須恵村があったのは疑いない。

　「戦え」と命令されれば戦争する須恵村の人たち、しかしそれでも異国から来た夫妻を快く受け入れた「世界で最も平和な人たち」、ひいては日本農民の本当の姿、生き方に立ち戻るのである。そして、エンブリーにそう思わせた大きな要因が「協同」にあったことも間違いない。ムラに「ボスはいない」し、当番制の「組」や「主どうり」など、さまざまな民主主義の仕組みが原点にあった。いや、民主主義の前に、国家を意識することの少ないムラの人々の協同が元々民主的だったのだ。

　さらには、紛争回避のための「仲介の原理」は、「恥をかかないため」と分析したベネディクトと違って、国際紛争を仲裁する国連への関心につながった。つまり、エンブリーの人類学の仕事は、1936年の須恵村調査から50年に42歳で事故死するまでの14年間、どこにいてもずっと須恵村の記

憶が根底にあった、と思わせる。

　終戦に当たって、日本通のエンブリーが GHQ に参加していないという事実がずっと引っ掛かっていた。エンブリーの妻エラは、「SCAP によってあるポストを用意されていた」という証言を残している。この「ポスト」が沖縄米軍政府だったことを示す資料も見つかった。エラはまた、「エンブリー本人が GHQ の一員として行きたくなかった、研究を優先したかった」と明かしており、エンブリーは自らの意思で沖縄赴任を固辞したとみられる。エンブリーは、GHQ の「上からの民主化」に対し終始疑問を呈し続けていた。世話になった須恵村に、沖縄や九州に、日本に「土足で踏み込む」ような関係になりたくなかったのがその本意だった、と推測できる。

　エンブリーは権力と民衆の関係の中で、いつも名もなき民衆の立場に身を置いていた。国家の一員の立場で日系人強制収容所や占領士官教育に携わっていたときを含め、民族や国家の枠を超えて、どこにいてもそうだったと思える。須恵村の農民の暮らし方にしろ、戦中戦後のエンブリーの論考にしろ、「国家」を相対化する一つの視点を与えてくれることは疑いない。

　そのことは、明治維新にせよ戦後改革にせよ「下からの改革」ではなかった日本と同様に、ブータンの GNH が、民主化を目指す2018年の初の総選挙や憲法制定を含め、やむを得ないとは言え国王や国家主導で進められていることを考える時、ブータンが抱える一つの問題点を照らし出しているとも言える。

3．「相互依存」の哲学

　さて、エンブリーの『須恵村』と GNH 哲学に共通する重要なキーワードとして、「関係性」という言葉が注目される。

　2008年にブータン政府が初めて実施したＧＮＨ調査の結果公表に当たって、ブータン研究センター（ラウラ・ウラ所長）が発表した、GNH の要約版バイブルとも言うべきリポート「GNH 指数の解説」は、その核心の一つである「関係性」について次のように記している。

　「GNH は、全ての物事は他の全ての物事と相互依存の関係にあるとい

う見方を奨励している。共通の幸福を得るためには、全ての人が相互依存の原理を受け入れる必要がある。GNH 社会の市民は、共通の目的としての全ての人々の幸福に焦点を当てるために、個人の利益を超えて我々のビジョンを高める第三の目を養うだろう。第三の目は、全てのものが時間と空間を越えて相互依存の関係にあるとみる可能性を比喩的に表している。GNH には公平さが最も重要である。他者の幸福を考慮しない幸福の理解は、無責任で自己中心的であり、このような幸福の追求は非倫理的になるだろう。幸福は、（関係性が強まるとき、）自発性を高めながら強まる関係性を通じて実現する。そのため、幸福に至る道筋のすべては相互関係の進展であり、個人の進歩ではない」

「第三の目」のあるブータンの仮面

さらに、GNH のもう一つのキーワード「主観」と「関係性」がこう描かれる。GNH 哲学の核心部分である。

「GNH 指数の策定は、従来の指標より深い幸福の表現を目指した。仏教の教えに従えば、主観と客観の違いは現実からの抽象概念に過ぎず、実際には存在しない。では元々何が存在するかというと、（主観と客観に対するものとしての）あらゆるレベルでの関係性であり、それは広い範囲での社会、経済、文化、環境の指標によってしか評価できない。このように見てくると、幸福と福祉とは結局、関係性の質によって影響を与えられ、また影響を与えるあり方のことである。その関係性の質は、私たちを取り巻く世界に対する感受性を増すことによって、また私たちを含め全ての意識ある生き物にとって何が重要か、あるいは何が価値あるものか理解することによって、時とともにその意味を変えていく」

ここでは、GNH 実現のために「全ての物事の相互依存関係」が重要だと説いている。これを人と人の相互関係に当てはめてみるなら、それはエンブリー『須恵村』冒頭のラドクリフ＝ブラウンの序文で描いた「社会構造」という用語にぴったり重なる。

ラドクリフ＝ブラウンは「文明の基底というものは、一般民衆の日常生活の中にあることを思い起こさねばならない。日本の村落で、一般の男女

が共にどんな日々の暮らしを送っているのか。エンブリー博士が観察し、本書で描いているのはそのことにほかならない」とした上で、こう述べる。

「（社会構造は）個々の人間を相互に結び付ける直接的また間接的な社会関係のネットワークを特に指している。現地調査に基づく人類学の方法は、具体的な観察できる個々人の行動における社会構造を調査することであり、それには限定的な規模のコミュニティの綿密な研究を必要とする。本書の研究の成果は、一つの村によって提示された日本の社会構造を全体として描いたものである」

全てに関係性があり偶然を否定するという、エンブリーの師ラドクリフ＝ブラウンが唱えた「構造機能主義人類学」の方法自体が、GNH 哲学が言う「関係性」と同根に見える。2011年、3度目のブータン訪問の際に1時間話をうかがった当時のジグメ・ティンレー首相は、GNH について「ホリスティック（全体的）」な視点の重要性に再三言及した。人と人だけでなく、人と自然、制度と制度など社会や文化の仕組み全体の一つ一つに関係性がある、という構造機能主義人類学の思想は GNH そのものではないか。エンブリーは『須恵村』で「関係性」の仕組みであるムラの「協同」を詳細に描く。しかもその協同が、ボスや支配者側から促されるのではなく、「人々の自発的な行為」と観察するとき、前述した GNH の「自発性を高めながら強まる関係性」とも重なるのだ。

加えて、GNH の「他者の幸福を考慮しない幸福の理解は、無責任で自己中心的」という立場は、協同の底に流れるムラの相互関係そのものではないか。エンブリーは「協同に関して最も際立つ不適応者は利己主義者」（『須恵村』）というのだ。その際、日本人に対して批判的に言われる、個人を否定する集団主義を想定しがちだが、そうではなく、むしろ、先に述べたドーアの相互依存的な「協同社会」を思い描くべきだろう。

田植えに典型的な「かったり（交換労働）」、橋の建造や道普請などの公益的事業、家の建築や屋根の葺き替え、結婚式や葬儀などの贈与交換（贈答）、経済的宗教的かつ社交的な「講」——。これらの「協同の慣行」はどれも、「他者の幸福を考慮」しつつ自らも「幸福に至る道筋」と言える。エンブリーの『須恵村』には、経済的には「とくに裕福でも貧困でもない」としつつ「村民は……自分の村に十分満足している」という記述がある。1936年2月に須恵村から大学に送った別の報告にも「人々は全体とし

てまずまず幸せに見える」とあり、エンブリーが村民の幸福感を感じ取っている様子がうかがわれる。

　しかしエンブリーは、村民の幸福感を支える慣行やモラルが、国家統制と産業資本主義（特に機械化と貨幣の浸透）による「急速な近代化」によって崩壊する懸念を強く感じた。片やブータンは、1960年代の近代化や開発による功罪を問うことによって、「持続可能な開発」の哲学として、近代化開始から約十年後に国王が GNH を打ち出した。日本はブータンのような哲学を持つことなく戦争に突入し、敗戦後は歯止めのない開発・成長路線を邁進。結果的に現在、さまざまな社会的歪を生み出している。その意味で、『須恵村』もまた現在に示唆を与えてくれる紛れもない幸福論と言えよう。

　エンブリーは、日本滞在中に民俗学者の柳田国男を二度訪問している。フィールドノートで訪問の様子に短く触れているだけだが、「多くの貴重な情報と助言を頂いた」と記している通り、柳田はエンブリーに多くの示唆を与えたに違いない。その柳田が常に意識し、求め続けたのが「国民総体の幸福」だった。「生産の増殖」すなわち GDP は、個人にとっても国にとっても「終局の目的」でなく「国民総体の幸福の為」という（『農政学』1906年）。柳田がブータンの「国民総幸福（GNH)」を知っているはずもないが、現世だけでなく「死者と未生の者」（柳田）の共同体の幸福を願うこの言葉を貫く、今で言う「持続可能な社会」を目指す哲学は共通している。

　先に述べたように、エンブリーは須恵村でそんな協同的な暮らしに共感。戦中戦後のアメリカ国内の自民族中心主義に強く反発し、相互関係に基づいた国際関係を求めたのである。また、戦後日本の民主主義についても、ムラの暮らしに根付いた民主主義を信頼し、GHQ による上（外）からの民主主義に疑問を呈し続けた。

4．「関係性」とは？

　ところで、人々の暮らしや社会に関して、「関係性」が強調され始めたのはいつごろからだろうか。ロマン・ヤコブソンの構造言語学を参考に、エンブリーと同年のレヴィ＝ストロースに代表される構造主義が、存在の

独立性を主張する「実体論」に対して「構造とは要素と要素間の関係とからなる全体」と定義したのが1960年代。しかし、この構造の定義は、1930年代のエンブリーの師ラドクリフ＝ブラウンの構造機能主義と同じ内容だと思われる。

　そしてヤコブソンが触発されたのが、「近代言語学の父」と呼ばれるスイスの言語学者フェルディナン・ド・ソシュールだ。学生時代、言語学科に席を置いていた筆者も齧ったことがある。死後に編まれた「一般言語学講義」(1916年) に代表される「関係性の体系」の概念は、フランスの構造主義をはじめ以後の人文科学に大きな影響を与えた。

　　「言語体系にあっては、要素である語彙(テルメ)は相互依存の関係にあり、関係こそが存在を成立させている。語彙はそれ自体として実体を持つものではない」

　例えば、虹の色の語彙が三つしかない民族と、日本語など七色の民族があるとしよう。三色の民族の「青」に当たる語彙と七色の民族の「青」に当たる語彙の意味内容には当然差異がある。「青」という実体があるわけではなく、それぞれの「青」は、他の二色、他の六色との関係においてしか存在せず、その価値に優劣もない、というわけだ。そして、三色の民族と七色の民族は、それぞれの環境、自然との関係において、歴史的社会的な暮らしの中に語彙を定着させていったのだろう。

　これを死者や未来までを含めた人と人の関係、人と物や自然、制度の関係つまり社会構造に当てはめてみると、それもまた実体ではなく関係性によって存在する、ということになる。エンブリーは、「須恵村の組織と被りつつあるその変化について論ずる際に、社会の概念を、個人を単位とする諸関係のネットワークとして記憶に留めておくことが望ましい。そうすれば私たちは、コミュニティがその構成員から独立した実体を持っていると考える誤りを避けられるだろう」(『須恵村』) と述べている。人や民族は他者との関係によって存在し、価値に優劣はないという、GNH や構造機能主義、そしてエンブリーの思想、さらには文化相対主義につながることになる。

　これに対して、GNH の「関係性」概念は、西欧のそうした学問や思想とは無関係に、「縁起」という、他との関係が縁となって全ての現象が生起するとする仏教の専売特許を踏襲しているだけなのだろうか。ただ先に

も触れたように、レヴィ＝ストロースとブータン哲学の「他者」に対する姿勢は、見事に一致しているように見える。すなわち、「自己を愛する前にまず他の存在に敬意を払う必要がある」（レヴィ＝ストロース『神話論理』第3巻）。この「他の存在」には、人間だけではなく、全ての生命そして宇宙まで含まれる。門外漢の疑問に対し、諸先生の教えを乞えれば幸いである。

　私はまた、レヴィ＝ストロースと交流があったフランスのシュールレアリズムの旗手アンドレ・ブルトンの『ナジャ』（1928年）を思い出してしまった。有名な「僕は誰なのか？」という問いで始まる自伝小説だ。示唆される答えは「君が誰と付き合っているか言ってみたまえ。君が誰であるか言い当てよう」という諺。ソシュールの「語彙」を「人」に置き替えれば「人は彼自身として実体を持つものではない」ということになる。「僕は誰か」という愛をめぐる文学的問答、結局これも、「他の存在」に支えられて生きる「僕」や「あなた」の「関係性」と無縁ではあるまい。

　そう、「関係性」とは、ややこしいことを言わなくても、ごく当たり前のシンプルなこと、人は祖先や子孫を含めた他者とはもちろん、自然や地球とも、身の周りの全ての物事とも、つながり依存し合うことでしか生きられないということに尽きる。物やお金、大きさや進歩、競争を優先する社会が、そんな簡単なことを見にくくしていることが問題なのだ。拙著『日本を愛した人類学者』のエピローグを参照していただければと思う。

　同じことは、先に述べた「民主主義」にも言える。問いの難しさが答えを難しくするようだが、須恵村の人々に「民主主義」「民主的」という問題意識があったかどうか疑わしい。それらはあくまでエンブリーという欧米の観念に基づいた解釈に過ぎない。「民主的」という言葉は知らなくても、当時の日本のムラには「民が主」とみなされる暮らしの様子が当たり前にあったということではないか。

　筆者は今、そうしたエンブリーの問題意識を著した『須恵村』の新・全訳に取り組んでいる。近く農文協から刊行予定であり、その生涯の思索の原点である「協同」にあふれたムラの暮らしに新たな光が当てられることを期待したい。

　そして、ブータンや『須恵村』とエンブリーに関連して、次に紹介する1949年3月の FAO（国連食糧農業機関）の報告書「Essentials of Rural

Welfare: An Approach to the Improvement of Rural Well-being（ムラの幸福の本質的要素：ムラの幸せを高めるための研究）」も、こうした流れの中にあってとても興味深い。

5. FAOの「ムラの幸福指標」報告

　FAO の報告書は、50ページ足らずの短い内容だが、参加した5人の研究者の名の中に、エール大学准教授のエンブリーがいる。私はアンナ・ピケルスによるエンブリーの文献一覧で報告の存在を知った。「happiness」ではないものの、報告書のタイトル（welfare は「福祉」とも訳せるが、ここではより広い「幸福」とした）からして、すぐに GNH を連想する。GNH 指標作成に当たってブータン研究所は、各国の研究者や国連の支援を得ており、この FAO 報告が参考にされたかもしれない。ブータンは国家でありムラではないが、国家や都市よりもムラ的要素が強く、比較することは無意味ではないだろう。

　また、国連の「人間開発指数（HDI）」（1990年）や「持続可能な開発目標（SDGs）」（2015年）、OECD（経済協力開発機構）が2011年から取り組んでいる「より良い暮らし指標（BLI）」、またフランスなど各国の幸福指標に敷衍されたとも考えられる。拙著『日本を愛した人類学者』では簡単に触れているだけなので、ここで少し詳しく紹介してみたい。

　FAO 報告はまず、研究の目的を「ムラの幸福の本質を定義し、そこに存在する相互関係の種類に注意を注ぐこと」とし、ブータン研究所と同じ「相互関係」を重視していることが見て取れる。

　加えて、「関係性」と並び、また関係性と不可分の、GNH 哲学の重要なキーワードである「主観」が取り上げられていることが、GNH を連想させるこの報告のもう一つのポイントだろう。国王のGNH 提唱に先立つこと23年、報告は、その基本姿勢をこう述べる。

　「（幸福の）構成要素の多くが物質的な起源であるとしても、幸福は本質的に主観的である。そ

「FAO指標」の表紙

れは、さまざまな肉体的かつ精神的印象から生まれる心の状態である」

　この文章は、GNH 解説にある「GNH 指標は、客観的な生活の質と主観的な生活の質の両方を含む」と同じことを意味している。物やお金で達成される豊かさと並んで、あるいはそれ以上に、精神的な「幸福感」や「満足」の重視と言ってもいい。前項で触れた『須恵村』の「協同」に基づく村民の「満足」も、相互依存関係の「仕組み（交換労働や講）」と「実践（贈与や祭りなど）」に裏付けられた村民の「主観（心の状態、精神）」として描かれている。

　FAO 報告も GNH も、個人の主観的幸福を最大限にするために「公益（common good）」、つまり全体の「総幸福」を実現するという困難な道を探る。一方で関心領域が「小さな地域（local）」であることが強調される。

　FAO 報告は、幸福の実現には、健康や食事、住居、生産の効率化、消費物資の増加など、物質的かつ生理的な要求の充足に加えて、道徳や信仰、美的な基準など精神的、社会的、文化的な「無形の要素」に注意を払うことが重要としている。一例としてインドの農民の態度を取り上げ、「その飼料を浪費する余分な家畜や作物に害を及ぼす昆虫を殺してしまうことを思いとどまらせるかもしれない」として「無形の要素は、何が可能で何が望ましいか判断するのに役立つ」いう。ブータン GNH を想起させるこの一節には、西欧とインドの文化や価値観の違いを認めるという、エンブリーが主張した文化相対主義も顔を覗かせていることが分かる。

　報告ではまた、社会人類学者や社会学者によるコミュニティ分析が重視される必要性にも触れ、特にエンブリーが日系アメリカ人強制収容所を管理する WRA（戦時転住局）時代に携わった収容所内のコミュニティ建設に関する報告書にも言及。FAO 調査に対するエンブリーの浅からぬ関与を裏書きしている。

　以上のポイントを踏まえた上で、報告の末尾には以下の幸福を考える「要素」や「指標」の一覧が挙げられている。

【A　ムラの幸福の要素（幸福に直接影響を与える）】
・健康＝人口統計的状態、肉体的健康の状態、精神的健康の状態
・収入と消費の水準＝収入、消費の物質的基準、貯蓄
・仕事の状態
・教育と技術

・社会的適応
　　・個人の安全＝身体の安全、収入の保証、財産の安全、感情的な安心
　　・信仰、習慣および行動基準
【B　　決定要素（Aの要素の質と量に影響する条件。改善のための手段
　を含む）】
　　・経済状態：生産＝農業生産、副業、市場、輸送と交易、預金、他の
　　　サービス
　　・生産の分配＝均衡の取れた消費、農家収入の分配、労働の位置付け、
　　　負債と投資、遺産
　　・コミュニティの快適さ＝交通手段と交流、その他衛生環境等、健康、
　　　教育、娯楽、社会的安全
　　・社会構造＝社会の配置、地方と中央の政治
【C　　指標（数値化できる特徴）】
　　・個人の状態＝健康、教育、仕事の状態、社会的適合、個人の安全
　　・生産と消費の水準
　　　　A　量的＝実質収入、一般消費財、栄養、住まい
　　　　B　分配＝実質収入の比較、
　　・社会的な快適さ＝交通手段、通信手段、その他衛生環境等
　　・社会組織＝親戚関係、宗教組織と身分、その他の社会・文化的組織、
　　　経済的組織、政治的組織
　以上の柱に沿って報告では、計87項目の具体的な指標が列挙されている。
ブータンの2008年の最初の GNH 指標（指数）は、GNH の4本柱に沿った
9分野計72項目だった。ただ、FAO 報告は GNH 指標と違って、指数
（index）化までは言及していない。
　報告では、これらの指標について、「正確な測定方法ではないにしても、
現在の幸福の状態の指針を提供し、同じ地域内の異なる時期の幸福を比較
するのに役立つ」と意義を強調しつつ、その適用に注意深く留保を付けて
いる。つまり、地域や国それぞれの実情によって指標の選択も異なり、指
標全てが決して普遍的なものではない、という前提がある。数字が独り歩
きしかねない指数化に FAO が慎重な理由と思われる。
　これは、FAO は国際機関でありながら、調査に加わった5人がエンブ
リーのほか、コロンビア、ケンタッキー大学および農務省の2人の研究者

と、全員アメリカ人であり、国際比較を意識しながらも限界を自認していたことを反映しているとみられる。エンブリーが、文化相対主義の立場から批判し続けた自民族中心主義に陥らないようにという配慮でもあろう。その意味では、ブータンGNHは小さな自国に限定したローカルな指標という点でFAO報告とは異なる。

GNHの9分野の中で、2008年調査の際に国民が最も重視したのが「時間の使い方」だった。ブータンらしいユニークなこの指標は、FAO指標にはない。地域や時代に合った指標が選択される一つの例かもしれない。ただFAO報告が、「幸福の計画が引き起こす変化は、急速な場合には不安感を生む」として、それを採用する「速さと方法」に注意喚起していることは重要だ。GNH哲学も同じく「持続不可能なスピードで成長し続けている経済は失敗」と警鐘を鳴らす。「時間」「速さ」こそ、人々の暮らしに歪をもたらした近代化による最も顕著な変化ではなかろうか。

GNHにしろFAO報告にしろ、幸福の指標の量的達成が必ずしも人々の幸せの実現ではないことは言うまでもない。2005年の国勢調査でブータン国民の97％が「私は幸せ」と回答した結果について、クエンセル紙が「みんなが山の頂上に住みたがるということは分かっている。だが実は、全ての幸福や成長は、山に登っている途中に見出されるものだ」と論じたことを思い出したい。FAO報告はGNH同様に、その目標は現実的で、「ユートピアを計画することではない」と断じる。実現可能な目標に伴うプロセスの重要性は、ブータンがGNH調査のために、数千人に対面の聞き取りを実施するとともに、郡、県、国家各レベルに委員会を設置し国民の意見を吸い上げる仕組みを設けていることにも表れている。幸福は、ＡＩ（人工知能）によって指数化されたり標準化されるような領域ではないということでもある。

同時に、GNHを参考にした日本のさまざまな取り組みが、肝心の「GNHはGNPより重要」という基本理念、つまり経済成長や開発のあり方を問い返すことなく、行政の単なる掛け声や指数いじりに終始している例が散見されることも指摘しておきたい。成長や開発一本やりの政策の見直しこそGNHの核心だというスタートに立ち返った論議が求められる。

（ジャーナリスト）

【参照文献】

田中一彦『忘れられた人類学者　エンブリー夫妻の須恵村』忘羊社、2017年

田中一彦『日本を愛した人類学者　エンブリー夫妻の日米戦争』忘羊社、2018年

エンブリー、ジョン・F『日本の村　須恵村』植村元覚訳、日本経済評論社、1978年

ソシュール、フェルディナン・ド『一般言語学講義』小林英夫訳、岩波書店、1972年

ヤコブソン、ロマン『一般言語学』川本茂雄、田村すゞ子、長嶋善郎、村崎恭子、中
　野直子訳、みすず書房、1973年

レヴィ＝ストロース、クロード『神話論理　第3巻』渡辺公三、榎本譲、福田素子、小
　林真紀子訳　みすず書房、2007年

Food and Agriculture Organization 1949 "Essentials of Rural Welfare: An
　Approach to the Improvement of Rural Well-being" University of Michigan
　(https://babel.hathitrust.org/cgi/pt?id=mdp.39015028082728&view=1up&seq=1)

The Centre for Bhutan Studies 2008 " Explanation of GNH Index and a List
　of Gross National Happiness Survey Result in Bhutan" (「ブータン GNH 指
　数の解説ならびに GNH 調査結果一覧」田中一彦訳、『西南学院大学人間科学論
　集』第11巻第2号)

　今年も「GNH 研究⑥」を発刊することができた。当たり前ではないかと言われそうだが、昨年のコロナ禍での生活は私たちに当たり前ではない日常を強いてきた。前号のあとがきで東京オリンピックの事に言及したが、私たちの目の前には1年足らずで全く別の世界が広がっている。

　コロナが広がり始めた昨春初めは多くのイベントや会合が中止や延期を余儀なくされた。次いで多くのイベントや会合がオンラインでの実施となった。オンライン会議はもとより、学校の授業や研究会、就職の面接や懇親会・飲み会までもがオンライン。私たちの「日本 GNH 学会大会2020」も一時延期を経て2月にオンラインでの開催だ。

　「オンライン〜」が人や社会との関わりの主流になるにつれて、私たちの生活や気持ちにはどんな変化があるのだろう。「見えるところと見えないところ」「現実と虚構」。画面越しでは分からないことも多くある反面、画面を凝視することで今まで見えなかったことや見ようとしなかったことが見えたりするのかもしれない。それによって、判断基準や価値観が変わるかもしれない。人と人との関係性、信頼性の構築にも変化があるのだろうか。私たちの幸福感も変わってくるのだろうか。

　余談だが、昨年12月には星の世界でも200年に一度の大変改が起き（木星と土星の重なり合いが今後200年は土の星座から風の星座内で起こる）、「土の時代」から「風の時代」へ移行したそうだ。星の巡りで社会の情勢や風潮を象徴することを信じるにせよ信じないにせよ、「土の時代」＝画一、大量生産、物質重視、から「風の時代」＝変化、柔軟性、情報重視の社会に変わるという天体的占星学的な話が、with コロナで一気に社会が変わったこの時期と重なることはとても興味深い。

　そうだとすると、国や社会の豊かさの指標を物質的・経済的な豊かさだけではなく、精神的な満足、幸福にも求めようとする GNH ＝幸福度の考え方が、今後、政治・行政にも大きく影響する時代が来るのではないかと思う。人類にとって「幸福」の追求は永遠のものだが、「幸福度」の議論はまだまだ浅い。この領域においてより発信力を高めるために私たち日本 GNH 学会も一層活動を深め、次号もより進化、充実した内容にしていくことを目指したい。

（事務局長　岡崎理香）

★日本GNH学会の会員区分と年会費★

①正 会 員　年会費　　5,000円

　本会の目的に賛同して入会を申し込み、理事会の承認をうけた人。

②学生会員　年会費　　3,000円（大学・大学院在籍書類をご提出頂きます）

　本会の目的に賛同して入会を申し込み、理事会の承認をうけた大学・大学院に在学する人。

③賛助会員　年会費　1 口 10,000円

　本会事業を賛助するため入会を申し込み、理事会の承認をうけた法人・団体または個人。

※入会ご希望の方は、学会ホームページの「入会申込フォーム」から申込みをお願いします。

　理事会の承認後、入会のご連絡をさしあげます。

　お問い合わせは事務局にお願いします。　　　http://www.js-gnh.net

　　　事務局　電話・FAX　042-679-3636　E-mail : info@js-gnh.net

■「GNH研究」次号への投稿を募集します

機関誌「GNH 研究」への投稿をお願いします。論文、研究ノート、エッセーなど幅広く募集しておりますので、①氏名（所属）②テーマ ③論文の場合は要旨（Ａ４判１枚程度）を添えて事務局までメールでお申し出ください。ふるっての投稿をお待ちいたします（論文は査読があります）。

■会費納入のお願い

会費の納入をお願いします。下記口座にお支払いください。　昨年度以前未納の方は合わせて納入お願いします。

　　＊正会員 5,000円／年 ＊学生会員 3,000円／年 ＊賛助会員 1 口 10,000円／年

　　会費納入口座：三菱東京ＵＦＪ銀行 本郷支店（３５１）普通預金 ００８０２０４

　　　　日本ＧＮＨ学会（ニホンジーエヌエッチガッカイ）

■住所変更、所属変更等お知らせください

住所や所属の変更、メールアドレス等の変更がありましたら必ず事務局までお知らせください。機関誌はメール便でお送りしているため、郵便局と異なり転送されずに戻ってきているケースが増えています。また、メールの不達も多くなっていますので、学会ＨＰまたは学会メールアドレス宛にお知らせください。

　　　* E-mail:info@js-gnh.net　　　* URL:http://www.js-gnh.net

日本GNH学会設立趣意

　GNH（Gross National Happiness）とは、ヒマラヤ山脈に囲まれた小さな国であるブータン王国に由来します。1976年、ブータン王国のワンチュック前国王陛下が、最初に提唱された新しい社会経済開発の理念です。その後のブータン王国は、国民の「幸福」実現を国家発展の目的の一つとして GNH を掲げ、立憲王制と民主主義の導入、国民生活の向上、社会経済開発に努めています。

　ブータン王国による GNH の理念に基づく国家建設は、国内総生産量（GDP）による成長拡大を唯一の目的として国家を営んできた、日本やアジアも含めた欧米諸国に大きな衝撃を与えました。つまりブータン王国が、物質的な富だけを指標とする従来型社会とその成長計画に対して疑問を投じたからです。これにより多くの国々では、自然・伝統文化・社会を大切にしながら、国家や社会が人びとの幸福感を満たすために何をするかを考える機運となりました。

　日本においても、ブータン王国での GNH による国造りへの協力、諸分野からの研究、さらに日本の市町村や小さな地域社会での GNH 実践への取り組みなど、GNH は多方面で注目されています。

　こうした GNH について、私たちは幅広い視点と立場から集い、多くの会員が一緒に考え、さらに活動する場となる「日本 GNH 学会」を設立します。

　「学会」との名は、アカデミックの世界に限定された意味ではありません。もちろん GNH 研究での成果をまとめられた研究者の皆さんが中核となり、将来にブータンあるいは GNH 研究を志す人びとも育成していくことも学会として期待されます。さらに、ブータン王国の政府研究機関と公式かつ密接な研究協力体制を築き、国際的活動を展開するためにも、あえて「学会」を名称としました。

　しかし、この学会は、広く国内外でさまざまな分野で活躍されている皆さんを中心に構成される会と考えています。つまり GNH 学会は、研究者の意見を優先するものではないのです。なぜなら、GNH はごく普通の人びとの幸福を実現させる理念だからです。一人の人間として、共に考え、将来の世代のために活動することを本学会はめざします。

　会員には、どなたでも GNH に関心がある、あるいは、ブータン王国に興味をもつなど、さまざま人たちのご入会を歓迎します。人間が結ばれる場であるのが、この学会の特徴です。

　GNH を考えることは、今の私たち、将来の世界を考える糧となるでしょう。

　こうした崇高な理念である GNH を絆として広めるためにも皆様のご入会を心よりお待ちしています。

GNH（国民総幸福度）研究⑥
新しい時代への指標

2021年 2月 20日　発行

編　集
日本 GNH 学会
（会長　松下和夫）
112-0012東京都文京区大塚1-7-1　拓殖大学 G 館205
ペマ・ギャルポ研究室

発　行
㈱芙蓉書房出版
（代表　平澤公裕）
113-0033東京都文京区本郷3-3-13
TEL 03-3813-4466　FAX 03-3813-4615

ISBN978-4-8295-0809-1